禅境管理

Zen

范小平◎著

暨南大學出版社
JINAN UNIVERSITY PRESS
中国·广州

目录 CONTENTS

目 录

《禅悟管理》序言

范小平先生写的这本书《禅悟管理》，是通过人生意义的悟解来改进企业的管理。但我读了这本书之后的感受是它远远超出了企业管理，它的价值在帮助我们理解人生，理解社会，理解世界。不论是否从事企业管理的人，读一读这本书都会有所收获，使自己的一生一世过得更有意义。大家都这样做的时候，我们会有一个更美好的社会，更美好的世界。这就是这本书的价值所在。

茅于轼

2008.9.25 于顺德

有感而发

——黄冠雄

有一天，小平对我说，自己要出一本书，让我给书写序。我笑笑对他说：写序我不敢，另请高人吧。我可写个读后感。

俗话说：文如其人。反过来则是：人如其文。我和小平认识八年，相处七年。如果把彼此比喻为书，相互之间不敢说通透精要，也说得上是：能懂文之大义啦。

2001 年，小平应邀来德美，重新开始了一段新的人生之路。想起来还是很不容易。因为他在四川工作了那么多年，一下子离开自己的根据地：一是机会成本很高，二是从国有企业到民营企业不适应的因素也很多。

确实如此，小平到公司后，并非一帆风顺。他的重点工作是企业的改制上市。而怎么样规范管理、怎么样规范运作，涉及到企业的方方面面。改制一开始，不同的意见和矛盾都涌现出来了。好在小平和公司的同事都能泰然处之，为什么呢？大家明白：正因为认识有差异、理念有异同，管理才有空间，企业才有发展。小平到公司后全力以赴将自己在企业管理中所知、所能、所见、所思转化为一些良好的建议和方案，推动德美的进步和发展。目标非常清晰：强化公司的管理基础、规范公司的经营行为、提高公司的发展效率。实践出真知，德美这些年的健康发展凝聚全体员工的心血，也为作者的管理理论实践活动提供了最好的条件。可以这么说：《禅悟管理》中的多数文章都来源于经营管理具体实践活动，是作者针对企业不同阶段存在的各种问题的总结、分析、思考，而有感而发。

比如：《旱苗的启示》一文作者写道："秧苗的前期管理有两个关键环节：一是插秧前要保证稻田里水量充足，这主要是为了让稻田的泥土松懈，确保秧苗栽插时根子在泥土中伸直。如果根子没有充分放直，秧苗的存活率非常低，既使活了，也结不了果；二是秧苗插好后，立刻把田里的水放掉，让秧苗处于'饥旱'之中，秧苗本身是喜水植物，在旱田之中它也要生存下去，就只有让自己的根拼命往深处扎下去，在泥土中吸收水分。"做过企业的人对此都有切身的体会，但是，这种感受和理解，我们常常是思而未语。值得高兴的是作者以生动、形象的语言把深刻的哲理讲出来了。"企业必须在自己的发展过程中经历'旱苗'的磨难，才能真正在市场的肥田沃土中，扎下安身立命的生命之根，也才能健康成长、高速发展。"这就是发人所未发，言人所未语吧。再比如：《管理的本质》通过理查三世的悲剧：

少了一个铁钉，
掉了一只马掌；
掉了一只马掌，
丢了一匹战马；
少了一匹战马，
败了一场战役；
败了一场战役，
失了一个国家。

此文讲清了一个发人深省的道理：很多企业关门、倒闭，并不是战略不清、目标不明，也不是技术问题，更不是市场原因，多数都是输在管理上，输在工作落实和执行的环节上。

在《心灵的高度》一文中，作者通过一只躺在米缸里吃了睡、睡了吃的老鼠的故事，告诫所谓的成功人士：老鼠为什么跳不出米缸？不是米缸太高，而是它的心胸太小，老鼠走不出昨天，超越不了自己，当然跳不出米缸。太把昨天当回事，最后付出了生命的代价。

在《践道前行》中，作者讲述了阿难尊者开悟的故事，文章把深刻的道理寓于禅味浓厚的佛教公案中，读时饶有趣味，放下书，放不下作者传递的思想：任何信息、知识，只有经过自己的理解和认识，真正的消化、吸收以后，才能成为认识客观世界的工具，同时，只有充分利用这一“工具”去开山耕田，我们才能采集人生的丰硕成果。

“这是一本有意思的书”，即使我不认识作者，我也会这么说。有幸在别人之前先睹为快，那我就有感而发：说了前面这一段话。最后，我还要说一句：

看完这本书，我想你会有所思、有所悟、有所得。

以道家的目光观察生活、以佛家的方式思考人生、以儒者的情趣讨论管理，将人性修为与事业成功、人生价值融为一体，将管理理论与企业实践、个人体悟巧妙结合，给你呈送心灵的佳肴、智慧的盛宴。

前言

没有深奥的理论，没有晦涩的语言，本书将你置身其中的管理实务，以生动形象的寓言和风趣易懂的故事，制成色香味美的精神大餐，在茶余饭后、旅途之中品尝一二，使你顿感心旷神怡、豁然开朗。

笔者在国有、民营企业工作多年，平素对儒、释、道进行了潜心的研习，颇有心得，特别是在名师指点下，将道家的“无”、佛家的“空”与人生哲学、修身养性融为一体，形成了视角独特的思维方式。这使得笔者在讨论企业管理与心灵修为的问题时，不仅有独到的观点和论据，而且能敞开心扉把自己的心得体会娓娓道来，宛如与好友谈天、听智者论道。本书的每一篇文章，仿佛都是闲来之笔，像云一样轻轻飘来：自然、恬淡、曼妙、风趣，但是当你掩卷遐思，一种浓浓的禅意，让你仿佛置身春天的花园，淡淡的花香沁人心脾，人生的感悟发出共鸣，工作的压力悠然释放，管理中的困惑有了答案。

我们知道，企业经营的最高境界就是打造一种精神，创建一种文化。因为企业初创时是靠产品，到了一定规模就要靠机制，做大了就必须靠文化。这些年，中国的经济发展太快了，很多企业的管理者在急剧变化的市场中，一方面是心花怒放，另一方面又眼花缭乱。正因为如此，盲从、浮躁和急功近利的情绪像大雾迷漫在天地间。管理理论、经营理念和文化观念像流行歌曲一样，各领风骚一两年。在这一特定的时代背景下，从事企业管理的一线“指挥员”，能从文化的高度、历史的角度，结合企业管理中的问题，不断地进行理性思考，并将自己的心得与大家分享，这确实是难能可贵的。

管理是企业永恒的主题，一些基本的管理思想和管理规律犹如水之源、树之根，要做好企业、提高人生的价值，我们还需要静下心来溯本求源。本书不是系统地讲理念、讲信念、讲规律、讲精神，它是喧嚣尘世的静心曲、盲目奔波的醒魂汤。细细品读，你能获得心灵的宁静与思想的升华。

非淡泊无以明志，非宁静无以致远，愿读者开卷沉思，掩卷远行。

编者

2008 年 5 月

上　篇

心灵之镜

由百折不挠的信念所支撑的人的意志，比那些似乎是无敌的物质力量具有更大的威力。

——爱因斯坦

信念的旗帜

信念是人们对某种思想或事物坚信不疑并身体力行的心理态度和精神状态，它是由目标、信心和恒心凝聚而成的一种“钢筋水泥”。人一旦拥有了清晰的目标、坚定的信心和坚强的毅力，那他的人生必定是充实而精彩的。信念可以使一个人、一个企业、一个国家、一个民族产生无穷的力量去面对逆境，并最终从逆境甚至绝境中站立起来。信念以目标为基础，又产生出达成目标的原动力。信念一旦植根于人的灵魂深处就使得一切皆有可能。下面让我们先认识因信念而彻底改变人生轨迹的两位名人。

一位是罗杰·罗尔斯——美国纽约州历史上第一位黑人州长。罗尔斯出生在纽约声名狼藉的大沙头贫民窟，那里环境肮脏、充满暴力，是偷渡者和流浪汉的聚集地，在那里出生的孩子，从小逃学、打架、偷窃甚至吸毒，恶劣的环境使贫民窟的孩子们长大后难以有所作为。然而，罗尔斯是个例外，他不仅考入了大学，而且成了州长。罗尔斯的人生因小学校长——皮尔·保罗而改变：20 世纪60 年代初，皮尔·保罗被聘为大沙头小学的校长，他走进这所小学的时候，发现这里的穷孩子经常旷课、斗殴甚至砸烂教室的黑板。皮尔·保罗想了很多办法来引导他们，可是没有一个是奏效的。后来，他发现这些孩子很迷信，于是在他上课的时候就多了一项给孩子看手相的内容——以此来鼓励他们。

当罗杰伸着小手走向讲台时，皮尔·保罗神秘地说："我一看你修长的小拇指就知道，将来你是纽约州的州长。"当时，罗尔斯大吃一惊，因为长这么大只有奶奶让他振奋过一次，说他可以成为一个小船的船长。这一次，皮尔·保罗竟说他可以成为纽约州的州长。他牢牢地记下了校长的话，并深信不疑。从那天起，"纽约州州长"就像一面旗帜，时时激励着他奋发向上。罗尔斯的衣服不再沾满泥土，说话时也不再夹杂污言秽语，他开始挺起腰杆走路，认认真真地读书和工作。在随后的四十多年间，罗尔斯每一天都按州长的身份要求自己，51 岁那年，他终于成了纽约州的州长。

另一位也是美国纽约州人，他叫亚瑟尔——一位年轻的警察。在一次追捕行动中，他被歹徒用冲锋枪射中了左眼和左腿膝盖。三个月后，当他从医院里出来时，完全变了一个样：一个曾经高大魁梧、目光炯炯的英俊小伙子，成了一个又跛又瞎的残疾人。

由于追捕行动的突出表现，纽约市政府和其他组织授予他许多勋章和锦旗。当电台记者采访他时问："您以后将如何面对所遭受到的厄运呢?"亚瑟尔说："我只知道歹徒现在还逍遥法外，我要亲手抓住他。"英雄警察的坚强性格感动了许多美国人。

从此以后，亚瑟尔不顾任何人的劝阻，参与了抓捕那个歹徒的行动。他几乎跑遍了美国各地，为了寻找罪犯留下的线索，他甚至独自一人乘飞机去了欧洲。

九年后，那个歹徒终于落网——亚瑟尔再次立功。庆功会上，他被授予“警察英雄”称号，众多媒体称赞他是最坚强、最勇敢的人。

然而，令人意想不到的是，事隔不久，亚瑟尔却在卧室里割脉自杀了。他在遗书中写道：“这些年来，让我活下去的信念就是抓住凶手……现在，我的仇恨已被化解了，生存的信念也随之消失了……”

失去一只眼睛，或者一条腿，都不可怕，真正可怕的，是失去自己心中的目标，失去人生的信念。信念的旗杆一旦断掉，人生之舟必然沉没。

罗杰·罗尔斯靠信念的原动力从泥潭中站起来；亚瑟尔因为失去信念，而丧失了自己的坚强和勇敢，最后连生存的勇气都失去了。由此，我们联想到，在工作中，当我们面对各种困难和问题时，尤其是面对市场急剧变化、计划执行不力、业绩指标不理想、大家工作意愿不强等状态时，不能仅仅去寻找一些表面的原因，也不能只停留在外在条件的客观分析上，有时信念是解决一切问题的基础。

信念犹如军队的军旗，只要军旗高扬，战士就冲锋在前，旗手把军旗插到哪里，军队就能打到哪里。因此，一个企业的领导和员工心中共同的目标有多高、信心有多足、恒心有多强，就决定了该企业的发展速度有多快、事业能走多远。人不能胜天，但信念能感动天；信念不等于成功，但信念能为成功逢山开路、遇水架桥。

因为：

有什么样的目标，就会有什么样的信念；

有什么样的信念，就会有什么样的态度；

有什么样的态度，就会有什么样的行为；

有什么样的行为，就会有什么样的结果。

让我们都为自己树一面信念的旗帜吧，那样，人生就有了奋斗的动力和生命的活力！

人生的价值，并不是用时间，而是用深度去衡量的。

——列夫·托尔斯泰

善心如光

什么是幸福？古往今来多少仁人志士都在苦苦探索，但是，仁者见仁，智者见智，并没有标准答案。有人设计了一个公式：幸福＝供给/需求。初看并不以为然，但仔细琢磨，好像真是那么回事。人的所谓幸福感就是在需求与供给之间的水银柱上升升降降。当一个人的需求大过供给，无论他是亿万富翁、当红明星还是政坛要人，他都不会有幸福。因为他的需求并没有真正得到满足，像一个饿着肚子的小孩是怎么也快乐不起来的。反之，有的人、有的家庭其供给并不怎么样，但是，由于他们的需求不高，因此总是其乐融融。有的人最大的需求不是自己过得怎么样，而是希望别的人不能比自己好。只要有人超过自己，他就不快乐。而有的人则希望别人过得好，自己才能快乐。雷锋、任长霞是把帮助别人作为最大的需求，因此，他们在助人中得到了一种快乐和幸福。

什么是幸福，怎样才能获得幸福，是一个很深奥的哲学问题。面对茫茫众生的需求与供给，我们就像面对一个千变万化的万花筒，眼花缭乱。但是如果将需求进行归类，我们会发现：人的需求一是物质的，二是精神的。最理想的幸福状态是物质和精神的需求都得到满足。在物质和精神之间，前者是外壳，后者是灵魂。没有外壳，灵魂无所依附；没有灵魂，外壳再华丽也是空虚的。也就是说，如果一个人饥寒交迫，那是无所谓幸福可言的。但仅有物质财富的满足，精神无所寄托的话，同样无所谓幸福可言。而人的精神需求则有正向和负向之分，这就像森林中有鲜花和毒草一样。怀着鲜花一样美好心灵的人，常常对物质需求的满足程度可高可低，因此他人生的水银柱的指标常常徘徊在幸福的区间。怀着毒草一样心态的人，其物质财富的需求很难得到满足，把地球给了他，他还要月亮。因此，他人生的水银柱指标总是远离幸福的区间。其实幸福的源头不在天地之间，常常是在每个人的心底。一个心存善念的人，必定以善心待人、待事、待己。有善念者心中有朝霞、露珠和美丽的鲜花。他会让世界更美好、让生活更快乐、让自己更幸福。心存恶念的人，以灰色的目光观察周围的一切，对待周围的一切。不仅处处设防，而且还以自己的思维方式去揣摩他人。自觉不自觉地无事生非、制造矛盾，结果是冰结心城、河川枯竭、花谢草死、丛山荒芜，生态环境被破坏和污染。不仅自己苦闷，别人也感到累。善心如明媚的春光可以驱逐严寒、横扫阴霾；善心可以开启智慧、净化灵魂；善心是快乐的大门、幸福的金钥匙，因为善因必有善果。一个小小的善行，不仅会给自己带来幸福和快乐，有时还会恩泽后世。

在苏格兰有一个善良的农民，叫弗莱明。有一天他在地里干活时，突然听到哭喊声。他循声跑过去一看，见一小孩掉到粪池里。弗莱明把这小孩从死亡线上拉了回来。

第二天，一辆崭新的马车来到农夫家，车里走出一位绅士。他自我介绍说他是被救小孩的父亲。绅士说："我要报答你，你给了我小孩新的生命。"农夫说："这样的事，有善心的人都会做。因此，我不会接受你的报答。"

正在这时，一个小孩走了过来。绅士问："这是你的小孩？"农夫高兴地说："是呀。"绅士真诚地对农夫说："让我带走他，让他接受良好的教育。如果孩子像你一样善良，将来一定会成为令你骄傲的人。"

农夫答应了。几年后，他的儿子从圣玛利亚医学院毕业，后来发明了盘尼西林，并获得了1944年诺贝尔奖。农夫的儿子就是举世闻名的弗莱明费。数年后，绅士的儿子染上了肺炎。是什么挽救了他的生命呢？盘尼西林！绅士的儿子是谁呢？就是举世闻名的英国政治家丘吉尔。

善心像阳光。一个农夫的善行，改变了儿子的人生，也改变了世界。看看这则故事，再体会古人所说的“勿以善小而不为，勿以恶小而为之”的训诫。我们每一个人都应当做一次心灵的洗礼，让我们以自己的善心阳光去朗照世界。只有播种善良，才能收藏幸福。一个人可以没有让旁人惊羡的学识、仪表，也可以忍受“缺金少银”的日子，但离开了善良，却足以让人生的航船搁浅、让生命之花凋谢——因为善良是生命的根。多一些善良，多一些谦让，多一些宽容，多一些理解，我们才能在工作、生活中感受到美好和幸福。

善因必有善果，知错能改善莫大焉。了悟善心天下事，那就苦下恒心向善行。从心开始、从新开始：做正直的人、做勤奋的人、做有道德的人、做有爱心的人、做善良的人、做给他人带来快乐自己也快乐的人——这才是真正幸福的人。

单个人是软弱无力的，就像漂流的鲁宾逊一样，只有同别人在一起，才能完成许多事业。

——叔本华

投身大海

相传佛教创始人释迦牟尼曾问他的弟子："一滴水怎样才能不干涸？"

弟子们面面相觑，无法回答。释迦牟尼说："把它放到大海里去。"

佛祖的教诲犹如醍醐灌顶，千百年来让多少自以为是的痴迷者在黑暗中幡然悔悟。是啊，仔细想一想，我们每一个人面对自己所在的组织、民族、国家，不就像一滴水面对江河湖海吗？作为个体的人，即使绝顶聪明能干，也只有融入团队并成为团队的有机部分，才能有所作为，才能成就一番事业。否则只能在人生的道路上留下许多遗憾和悔恨，可以这么说，一个人如果没有团队精神，本事再大终将难成大事——聪明总被聪明误、才高反被才高欺。一个企业如果没有团队精神，纵使辉煌也只能是昙花一现。历史上的楚汉之争是颇具借鉴意义的"明星与团队较量"的典型案例。大家都知道，楚霸王项羽是一个了不起的大英雄，“力拔山兮气盖世”，有万夫莫当之勇。在与刘邦争夺天下的过程中，只要他亲临战场，每战必胜，而刘邦临战常败。但结果却非常奇怪，刘邦的势力越来越大，而项羽的势力却越来越小，最终落得个被围垓下、自刎乌江的结局。

反观刘邦，论武功和军事才干，百个加在一起都不是项羽的对手，但却最终打败了项羽，高唱《大风歌》胜利还乡。回顾这段历史，我们真的很同情楚霸王，他老人家至死都没弄明白自己到底输在哪里。他临死时自言：“此天亡我也，非战之罪也。”其实项羽的悲剧全是自己导演的，与天无关。他始终没有改变“个人明星”的思维方式和行为方式，不懂组织和团队，只相信自己。项羽最可悲的是付出了生命的代价也没有醒悟，没有搞清楚个人认识的局限性和个人力量有限性的基本原理。客观地说，楚汉之争中刘邦的胜利是合作团队战胜个人英雄的胜利。如果我们把刘氏集团比作一个企业的话，作为“CEO”的刘邦最大的成功是抓组织建设，从而把一帮能人整合到一个组织中，形成了强大无比的竞争能力和团队优势。刘氏集团的组织架构非常清晰和科学，谋略大师张良负责战略发展、管理专家萧何统抓管理运营、营销天才韩信管理市场销售。在这个团队中几个高人目标一致，各个体系合作默契，充分发挥了 1+1>2 的团队优势。而项羽则仅靠匹夫之勇，明星效应显著，“粉丝”不少，但没有发挥组织功能的“一盘散沙”终究挡不住刘邦的团队之师。

从古至今，人们都有“明星”情结和“英雄”情结。但是孤胆英雄的人生之路不过是一闪而过的流星轨迹。真正的明星和英雄绝不是个体的产物而是团队的化身。我们再看看地球人都认识的乔丹，他是上帝派到人间来演绎篮球艺术的天才。但是这位世界巨星身上最耀眼的光芒是团队合作精神。乔丹善于与团队合作成就了他的人生，他与皮蓬、罗德曼、科尔、朗利、库科奇、格兰特等杰出的运动员们心心相印，铸就了一支优秀的团队，正是靠相互间心灵的默契，才成就了芝加哥公牛队两个三连冠的霸业。可以说没有乔丹，就没有芝加哥公牛队的战绩；但是没有乔丹那帮伙伴和那个有力的团队，也同样不会有乔丹的辉煌。

一个企业非常需要有个性化的杰出人才，也非常需要有业绩突出的明星，但更需要团队精神，更需要协同合作。正因如此，联想集团提出了“打造虎狼之师”的口号，希望他的员工既要有虎的英雄气概，又要有狼的精神。狼的精神就是团队合作精神。群狼一旦确定了攻击目标，头狼发号施令，群狼各就各位，嗥叫之声此起彼伏，互为呼应，有序而不乱。待头狼昂首一呼，主攻者奋勇向前，佯攻者避实就虚，助攻者嗥叫助阵。这种高效的团队协作，使它们在攻击目标时常常无往而不胜。

海尔人认为“人的价值高于物的价值，共同价值高于个体价值，共同协作的价值高于独立单干的价值”。我们想要保证一生快乐，就要与团队在一起；想要保证一生成功，更要与团队在一起。我们每个人都只是一滴水，所以必须无条件地投身于大海……

思想是根基，理想是嫩绿的芽胚，在这上面生长出人类的思想、活动、行为、热情、激情的大树。

——苏霍姆林斯基

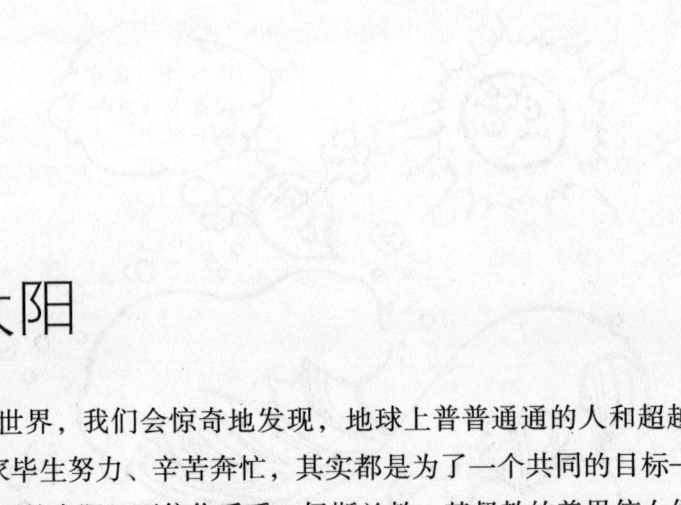

寻找太阳

纵观大千世界，我们会惊奇地发现，地球上普普通通的人和超越常人的“神”们，大家毕生努力、辛苦奔忙，其实都是为了一个共同的目标——寻找心中那一轮美丽的太阳。不信你看看：伊斯兰教、基督教的善男信女们，他们之所以能严格按照教规要求约束自己的言行举止，并几十年如一日按时去教堂祷告、去清真寺礼拜，其根本原因是他们心中有一个美好的愿景——坚信自己所信仰的宗教能让自己进入快乐的天堂；再看看，信奉释迦牟尼的僧尼日复一日在晨钟暮鼓中清修苦悟，甚至能以常人难以想象的意志力忍受着人世间的各种磨难和痛苦，其动因也非常清晰，那就是深信通过苦修最终能得到佛祖的接引，往生西方极乐世界。而作为芸芸众生，不论是日出而作、日落而息的乡野农夫，还是朝九晚五的金领或白领，人人心中都有一个美好世界。只是普通人与宗教信徒不一样，普通人立足现实，注重当下，他们理想中的太阳就是今生的幸福与快乐。

仔细分析，虔诚修悟的宗教徒和辛勤耕耘的凡夫俗子，在生命的历程中对理想世界的求索之心是完全一样的，都是有思想、有情感的高级动物，只要一息尚存就会情有所系、心有所求。不管是在庙堂之内还是在红尘之外，没有人能放下心中那一轮红日，只是不同的人因为价值取向和愿景的差异，自然会以各自不同的方式去寻觅和营建自己心中的理想世界。概括起来，最典型的有两种方式：内修式和外修式。奉行内修式的主要群体是宗教徒，他们常常以改变主观世界的方式走向自己的理想天地；奉行外修式的主要群体是普罗大众，他们以改变客观世界的方式去创造自己的理想王国。但是现实的世界与理想的世界之间存在一道鸿沟，不管是内修还是外修，如果没有找到好的方法，即使耗尽一生的精力也徒劳无功。有的宗教徒苦修一生，临终依旧被无名的烦恼所缠绕，虽然教主热情伸出双手，可由于自己心性的原因总也够不着；另一方面，在我们身边，有很多改造客观世界的成功人士，站在了权利和财富的巅峰，但是同时也站在了矛盾的火山口，身心疲惫，早已和理想的快乐世界分道扬镳。

讨论至此，我们可以初步得出一个结论：人人心中都有一个理想的太阳，但是实现自己的理想离不开好的方法。有一位少年去拜访一位年长的智者，他问："我如何才能成为一个自己愉快、也能够给别人愉快的人呢?"智者笑着对他说："佛祖有八万六千法门，我只有四句话送给你。第一句话是，把自己当成别人。你能说说这句话的含义吗?"少年回答说；"是不是说，在我感到痛苦、忧伤、烦恼的时候，就把自己当成是别人，以别人的眼光和角度来审视自己，也许一切都不会那么严重了；当我欣喜若狂之时，把自己当成别人，也许那颗狂喜之心也会变得平和中正，自己也更加冷静和理性。"智者微微点头，接着说："第二句话，把别人当成自己。"少年沉思一会儿，说："只有真正的换位思考，才能切实理解别人的需求、了解别人的处境、同情别人的不幸、知晓别人的欢乐，并且在别人需要的时候伸出友谊的双手；在别人有所进步和取得成功时，给予真心的祝贺。真正痛苦着别人的痛苦，快乐着别人的快乐。"智者闻言大喜，继续说道："第三句话，把别人当成别人。"少年说："这句话的意思是不是说，要充分地尊重每个人的个性、独立性，不能把自己的思想、观点、方法和爱好强加于人。只有像尊重自己一样尊重他人，才能赢得别人的尊重和信服。”智者哈哈大笑：“很好，很好。孺子可教也！第四句话是，把自己当成自己。这句话理解起来太难了，留着你以后慢慢品味吧。”少年说：“这四句话之间就有许多自相矛盾之处，我用什么才能把它们统一起来呢？”智者说：“很简单，用一生的时间和经历。”少年沉默了很久，然后叩首告别。后来少年变成了壮年人，又变成了老人，再后来他离开了这个世界。但是人们常提到他的名字，大家都说他是一个真正幸福的人。因为他一生快乐，而且也给每一个与他相处的人带来了快乐。

“把自己当成别人、把别人当成自己、把别人当成别人、把自己当成自己”就是快乐的法门，只要你读懂了这四句话，你就领悟了人生的真谛，寻找到了心中那一轮最美丽的太阳。

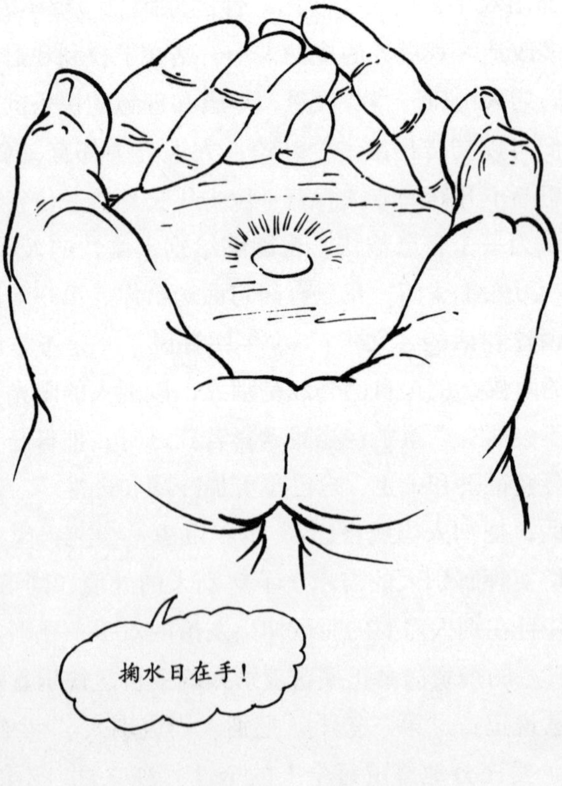

有一种东西，比才能更罕见、更优美、更珍奇，那就是自知之明……一个目光敏锐、见识深刻的人，倘又能承认自己有局限性，那他离完人就不远了。

——歌德

掏出心灵之镜

“人贵有自知之明”这几乎成为国人皆知的名言。可是环顾四周，真正能做到“自知”的人却是凤毛麟角。人类发展到今天，对外界的认知和把握已经到了“可上九天揽月，可入五洋捉鳖”的程度。但是人类对自身的认识还是很肤浅的，尤其是对自己的了解和评判普遍存在较大的反差和失误。有的人明明是一块金砖，擦去表面的灰尘就会发光，可他却自悲地认定自己是一方瓦砾；而有的人明明是一棵普普通通的小草，却硬把自己当成是参天大树。人之所以难以自知，主要是疏于内省。

缺乏自知和内省的表现是：当他们没有完成工作目标或工作出现问题时，不是反思自省——从主观上找原因，而是首先往外推，找替罪羊。他们往往会找出一百个客观理由去怪罪他人，不仅把自己的责任推脱得干干净净，还表现出让人同情的无辜状。当自己和同事之间产生了矛盾，各自都认为自己是好人，只是好心没得到好报，对方不是小肚鸡肠就是无事生非，或是恩将仇报。在工作中，老是认为自己超人的才干没有得到充分发挥、优秀的品质没有得到认可、自己的所做所为得不到理解。

其实现实生活中，我们每一个人都存在三个“我”：第一个是客观的“我”——这是我们个人的综合素质的客观存在；第二个“我”是他人心中的“我”——自己的言谈举止和种种表现在别人心目中的印象；第三个是自己心目中的“我”——自己看自己，自己对自己的认知。有的人一生一世都没有真正认识自己。“自知真的很难”——大到国家、民族，小到企业、个人。

古人云：“以铜为镜，可以正衣冠。以人为镜，可以明得失。”现代科技生产的镜子较之铜镜不知清晰了多少倍，但是现代人的自知并没有比用铜镜的先人进步多少。标榜民主、人权的“山姆大叔”也只是看见了别人脸上的雀斑，而看不见自己脸上的痘痘。他四处惹事生非，整出一个“9·11”事件，痛了半天，但还是不懂反思内省，还没从伊拉克、阿富汗脱身，又要去揍艾哈迈德·内贾德。其实“山姆大叔”身上的毛病也是人类的通病，我们每一个人如果真正用心灵的镜子客观地照一照自己，都一定会惊惶失措。我们平时对自己的认识、评价和真实的自我相差极大，在非常可笑、可怜、可恶的良好自我感觉中走过了生活和工作的不少路程。身边的朋友给了我们无数的宽容、谅解，自己却在心里咒骂他们心胸狭窄、对自己不理解。有智者说：“人最大的缺点，是不知自己有缺点；最危险的缺点，是坚持已有的缺点；最无知的缺点，是为自己的缺点辩解；最可笑的缺点，是闭上眼睛也能发现别人的缺点，睁大眼睛也看不见自己的缺点。”

是啊，在不知不觉中，我们把荆棘和刀剑刺向别人，却还理直气壮地去中伤别人。但是我们应当明白，这并不是人性好坏的问题，而是缺乏自知和内省，在错误的思路上行事。一言以蔽之，都是无知惹的祸。

行文至此，当打住了。为什么呢？希望各位此时此刻能心平气和地重温一下曾子的教诲，曾子曰：“吾日三省吾身：为人谋而不忠乎？为友交而不信乎？传不习乎？”其意思就是每天多问一问自己：工作是否已尽心？对人是否讲诚信？学习是否有恒心？然后请您轻轻掏出心灵的镜子来仔仔细细、认认真真照一照自己，不要怕照出自己的丑陋、无知与无能。我知我美丑，我就是一个真正的人；我知我何能，我就是一个聪明的人；我知我何为，我就是一个充满智慧的人。

心若改变，你的态度跟着改变；态度改变，你的习惯跟着改变；习惯改变，你的性格跟着改变；性格改变，你的人生跟着改变。

——马斯洛

播种开心

俗话说："人活一世，草木一秋。"人生就是一个燃烧生命之烛的过程，它的甜蜜、它的苦难、它的伟大、它的平凡都在时间隧道中展现和闪烁。正如奔腾的河流会在拐弯处沉淀下泥沙，但河流的高歌与低吟只能在流动的过程中才能被倾听。

在人生这个短暂而奇妙的旅程中，仁慈的上帝以最公平的爱心来善待她的子民，她让每一个人都是空着双手来，又空着双手离开；她让每一个人都以同样的速度迎来日升日落、花开花谢。也许上帝是希望她的子民能快乐过好每一天，幸福过好这一生。但是由于种种原因，身为万物之灵的人类在不断改造客观世界、创造灿烂文明的进程中，并没有为自己打造出更多快乐的金钥匙，反而是作茧自缚，远离了上帝的期许。有一则很流行的顺口溜，说现在是："娱乐越来越多，快乐越来越少；搞笑越来越多，幽默越来越少；恋的越来越多，爱的越来越少；钱越来越多，幸福越来越少。”这则顺口溜从一个侧面揭示了当代人的生活状态和心态。其实人生的快乐与幸福离不开物质基础，但是快乐与幸福也决不是与物质基础同比例增长的。当一个人穷得只剩下自己，穷得只剩下名利的时候，他已经堕入了地狱之门。

生命的美丽和灿烂不在终结之后，而在燃烧过程之中。生活在地球上的每一个人，每一天、每一分、每一秒都在燃烧着生命之烛，朝着人生的终点疾进。在历史长河中，人的一生显得非常的短暂，转瞬即逝。两千多年前孔夫子就十分焦虑地告诉人们：“逝者如斯夫”——时光如滔滔江水奔逝而去，不论白天或黑夜。为了珍惜光阴，让人生活得有价值，他老人家提出了“发愤忘食，乐以忘忧”的省世警言。意思非常清楚：人生短暂，人人都应当珍惜。那么最积极的人生态度是什么呢？一是勤奋努力；二是乐观向上。人只有在勤奋的工作中才能体会到创造的快乐，同时也只有乐观豁达的人生观才能使人摆脱世俗的愁云惨雾。因为生活有美丽的阳光，也有阳光下的阴暗。当我们以灿烂的心态面对阳光时，一切都变得阳光灿烂了。当我们以灰色的心态面对阴暗时，一切都变得灰色阴暗了。

有个青年由于在工作中遭遇了许多误解和挫折，又得不到别人的理解，内心充满了痛苦与愤怒。他感觉整个世界都在排斥他，他几乎要精神崩溃了。

有一天他登上了一座大山，想想自己这些年的遭遇，内心的仇恨像开闸的洪水一样，他忍不住大声对着空荡幽深的山谷喊：“我恨这个世界！我恨这个世界！我恨这个世界！”话一出口，山谷里传来同样的回音：“我恨这个世界！我恨这个世界！我恨这个世界！”他越听越气，又提高了喊叫的声音。他骂得越厉害回音就越大越长，他恼怒到了极点，打算从山顶跳下——了却此生。

正在这时，从身后传来了“世界爱你！世界爱你！世界爱你！”的声音，山谷回响——青年人扭头一看，只见不远处一个长者正在冲着他喊。

片刻后长者向他走来，见老人家面善目慈，他便一股脑儿说出了自己的遭遇。老人家听了他的讲述，笑着说："我送你四句话。其一，人生是一个过程，昨天播种，今天收获。其二，是自己的心，而不是环境在决定你的命运。其三，快乐与幸福非为天定，尽在己为，你种什么就收什么。其四，改变命运从改变习惯开始，改变习惯从改变思维方式开始。"

青年人半信半疑，表情很复杂。老人看透了他的心思，接着说道："倘若世界是一堵墙壁，那心态则是自己的回音壁。就像刚才我们的回音，你以什么样的心态说话，它就会以什么样的语气给你回音。爱出者爱返，福往者福来。为人处世许多烦恼都是因为对外界苛求得太多而产生的。你热爱别人，别人也会给你爱；你去帮助别人，别人也会帮助你。世界是互动的，你给世界几分爱，世界就会回你几分爱。种下快乐收获幸福，种下怨恨收获痛苦。"听了老人的话青年人顿悟，他愉快地下山了，融入快乐的新生活。

人生是一个过程，分分秒秒都应当珍惜，沐浴在美丽的朝阳下，我们每一个人都应当以爱心和快乐作馅，以勤奋和创造作皮，为自己、为家人、为人生包出一个开心果——工作更快乐、生活更幸福！

学会宽容，世界会变得更加广阔；忘却计较，人生才会永远快乐。

——希腊先哲

创造快乐

“开心工作，愉快生活”这八个字非常引人注目，也非常令人兴奋和激动。是啊，人生一世，工作能够开开心心，生活能够快快乐乐，那不是神仙也赛过神仙啦。可是我们知道这个世界上并没有桃花源，有人就有矛盾，有矛盾就有纷争。开心与忧愁同在，快乐与烦恼并存。客观地讲，要真正把“开心工作，愉快生活”这八个字变为理想的现实，并不是一件容易的事。但是反过来讲，如果一个单位、一个企业，上上下下忙碌了半天，大家都觉得“工作不开心，生活不愉快”，那不论是老板、领导干部还是普通员工都有点冤。为什么呢？企业开辟一片天地，除了创造一番事业外，还想创造一个开心的环境；一个职业经理人或部门领导，最基本的职业标准应当是：为官一任造福一方；作为普通员工，投奔某一单位、选择某一职业，一般都有两个心愿：为了美好的生活而努力工作，更为了因工作的快乐而让生活绚丽多彩。如果我们全然忽略了工作的初衷——创造快乐，大家聚集在一起，仅仅是毫无乐趣地为工作而工作、为金钱而忙碌，那与我们消耗的宝贵青春和生命相比，成本奇高、损失巨大，追溯原因其实相当的冤。因为仔细看一看我们自己和周边发生的很多事，也就是我们在工作和生活中感受到的很多烦恼、郁闷甚至痛苦，绝大多数并非大事和原则问题引起的。生活中、工作上的很多令人不愉快的因子都是一些鸡毛蒜皮的小事。有的事小到说不出口，摆不上台面，可就是这样一些微不足道的、难分是非曲直的小事，所引发出来的各种矛盾和纷争，就像掉进汤锅里的老鼠屎一样大倒我们的胃口，同时还会在一定程度上影响单位与单位之间的团结、破坏人与人之间的关系、伤害同事之间的感情。

工作中的小事由于处理不好而酿成是非矛盾的问题很普遍，有时后果还很严重。小而言之它可以让大家工作不开心、生活不愉快，大而言之它可以让一个企业良好的企业文化变味，企业的凝聚力和竞争力下降。作为企业的决策者和主管领导对此应当高度重视，一定要保护好企业这锅汤。

那么，企业怎么样才能减少或杜绝类似的是非矛盾呢？俗话说：“清官难断家务事。”难在哪里呢？难在一些琐琐碎碎、鸡毛蒜皮的小事，很难分出是非对错。但它确实是问题和矛盾的火星，处理不当就会酿成大错，处理得当，满腔怨恨也会化为宜人的春风。大家看一看安徽桐城“六尺巷”的故事，也许能给我们一些有益的启示。

清朝雍正皇帝时，有位大臣名叫张廷玉，他是两朝的宰相，也是汉人中唯一能进入太庙的。他在京城作官，家里的管家给他写信说：“我们的邻居盖房子，侵占了我们三尺地，怎么办？”他回信说：“千里捎书为一墙，让他三尺又何妨？长城万里今犹在，不见当年秦始皇。”管家把信拿去给邻居看，并对他说：“我家主人来了封信，问你三尺够不够？如果不够，我们还可以再多让三尺。”邻居看了来信，既感动又惭愧，说：“你家能让，我家就不能让吗？我也让三尺。”邻居不但不侵占张家的地，还主动退让三尺。于是安徽桐城增添了一道独特的景观——“六尺巷”。巷道六尺正是双方互相让出来的，邻里之间不仅巷道宽了，而且心地也开阔了。

佛家说，佛和魔鬼的差距只在一念之间。真是值得我们每一个人三思啊。试想一下，如果当初张廷玉收到管家的信后，就事论事，那就是一桩典型的土地产权纠纷案，一不小心就会陷进伤害邻里感情、激化矛盾的泥潭中。由此，我们想到：生活中的很多矛盾其实可以在一念间化解掉，关键是我们要有一种好的心态。一个普通的企业也可以从普通变得优秀，关键是要有一种好的企业文化为基础。企业文化优秀与否的判断标准就是价值取向。优秀的企业文化的价值取向有三个最显著的标志：一是全体员工有共同的目标和愿景；二是公司和全体员工都在为最有价值的事业努力工作；三是令人安心和开心的环境。同时优秀的企业文化还有一种净化功能。无形中有一种主流意识：对那种个人意识太突出、本位主义太浓厚、小团体利益太强的思想和行为表现出极端的蔑视；对那种斤斤计较的行为表现出特别的反感并坚决给予否定；对纠缠小事、制造矛盾的言行给予公开的唾弃。因为企业的资源是宝贵的，绝不能被琐事酿成的矛盾缠住发展的手脚，更不能被琐事造成的纷争破坏了感觉。优秀企业的共同特点是：让全体员工把所有的光和热献给大家共同的事业——企业美好的明天。

“开心工作，愉快生活”是人人向往的乐土，这片乐土需要每一位参与者为她栽花、种树、浇水、施肥——不论是老板、干部还是员工都肩负着双重责任：在为企业创造价值的同时，应当为他人创造快乐。为别人带来快乐的人才是真正快乐的人，让员工开心的企业才是最优秀的企业。

夫君子之行：静以修身，俭以养德。非淡泊无以明志，非宁静无以致远。

——诸葛亮

静心生慧

每年的最后一天，大家都在做同一件事：更新年历。当我们轻轻将上年最后一张日历翻过时，有何感想呢？也许多数人都会对过去一年的工作和业绩进行盘点、评估。毕竟是逝者如斯，生命如斯。对已耗用的最有限的时间资源必需有所交待，同时面对新年的第一缕曙光要有所承诺。古人云：“温故而知新。”亦云：“凡事预则立，不预则废。”

可有朋友说：“这些大道理我都明白，也想好好静下心来认真总结。可是树欲静风不止，哪有心思啊！烦事缠绕、心乱如麻。现在竞争太激烈，做啥都难。回顾昨天平平淡，想想明天万万难。有时都在怀疑自己是不是已跟不上时代发展的步伐了。”

其实，这种烦乱、浮躁的心态并不是个别现象。正因为如此，“郁闷烟熏”才成为当今中国很多企业员工的一句口头禅。

从大的方面去看，中国在计划经济向市场经济转型还没完全到位的时候，又开始向全球经济一体化接轨。这样的高速急转，对我们这一代人来说是一种磨难，也是一种考验和挑战。从小的方面讲，中国的每一个企业、每一个家庭及我们每一个人都在艰难地适应着这种变化。如果我们能以一种积极的态度去面对这种变化，一切不适应就会像海潮一样退去。反之，则永无宁日。灰色的情绪像瘟疫一样可怕，弥漫在空气中，随时会浸入你的心灵，影响你的情绪，弱化你的斗志。

事实上我们面对的大千世界，是和我们的心态一起变化的。你哭，眼前就愁云惨雾；你笑，眼前就阳光明媚。因此，站在急剧变化的历史转折关头，谁能快速调整好心态，走出郁闷烟熏的苦恼，谁就能把握住成功的机会。

那么怎样才能降住这颗烦恼、浮躁的心呢？有一个拾金表的故事，也许能给我们一些启示。

从前，一个农场主在巡视谷仓时，不慎将一只名贵的金表遗失在谷仓里。他遍寻不获，便在农场门口贴了一张告示：找到金表者，赏100美金。

面对重赏的诱惑，人们携家带子在仓库内外四处寻找。无奈成捆成捆的稻草堆得像山，谷粒堆得像沙丘。找一块金表无异于大海捞针。太阳下山了，找寻金表的人都一个一个在抱怨和失望中离去。

只有一个衣衫褴褛的小男孩没有离去。他已一天没吃没喝。他相信一定能找到金表。他要用领到的奖赏去解决一家人的饥饿问题。

天越来越黑，小孩的心却越来越亮。他静下心来，慢慢地在仓库内移动。万籁俱寂，小孩听到了自己的心在跳动。突然还听到了“滴答、滴答”的美妙音乐——金表的声音。小孩循声翻找，终于找到了那块金表。

我们今天面对的世界就是一个堆满稻草和谷粒的仓库。暂时没找到金表的人“郁闷烟熏”。但是金表就在我们脚下，只要你能坚定自己的信念，又能客观、冷静、理性地作出判断，排除心中的烦乱，气定神闲，人静入定，那么金表就会为你唱歌。正如一首诗告诉我们的：夜不是黑色的，夜是透明的。当你不是用眼看，而是静心思，夜就是白昼，世界像玻璃一样通透……

批评一个人的人格好坏，不但得看这个人已经做过的事，还得看他的目的和冲动；好坏的真正依据，不是已成事实的行为，却是未成事实的意向。

——哈代

人格的力量

在中国几千年的历史长河中，春秋战国可谓是英雄辈出、俊杰蜂涌的年代，但在灿烂的星河中有一颗最耀眼、一直闪耀着人格光芒的巨星——鲍叔牙。纵观历史，我们发现春秋霸业虽已是雨打风吹去，但鲍叔牙知人善荐、甘为人梯、宽阔无私的胸襟和情怀却始终如圣洁的莲花，永久开放在人们的心灵深处；他和管仲相互理解、相互信任、在逆境及顺境中至死不渝的深厚友谊，无情地反衬出世人猜疑、势利的卑微和可怜。

管仲二十来岁时就结识了鲍叔牙，二人开始合伙做生意，因为管仲家境贫寒，“公司”主要是鲍叔牙出资。可在经营过程中，管仲竟将收回的货款还了自已的债务，年底分红时，鲍叔牙分给管仲一半的红利，他也欣然接受了。鲍叔牙手下的人气坏了，他们愤愤不平的对鲍叔牙说："管仲是个十分贪财的人。"鲍叔牙斥责道："管仲并不贪财，只是因为家里太困难啦！任何人不许再瞎说。"后来两个好朋友又一起去当兵，可是每次打仗，冲锋的时候管仲总是躲在最后，跑得极慢，而退兵的时候，管仲却飞跑在前。战友们都说："管仲贪生怕死。"当官的也想收拾管仲。关键时刻鲍叔牙站了出来替管仲辩护道："管仲的为人我最了解，他家有80多岁的老母无人照顾，他并不贪生怕死，只是想活着以尽孝道吧。"再后来他们俩同时当上了"高级教师"：管仲当上了齐国国君齐襄公弟弟——公子纠的师傅，鲍叔牙当上了齐襄公的另一个弟弟——公子小白的师傅。两个好朋友各自辅助一个公子，干得正起劲。可是好景不长，昏庸的齐襄公疑心他两个弟弟要篡夺他的王位，就想除掉公子纠和公子小白。公子纠带着管仲就跑到鲁国的姥姥家去了，公子小白带着鲍叔牙也跑到莒国的姥姥家避难去了。

公元前686年的冬天，齐襄公被杀死，他的一个弟弟公孙无知继位没多久又被杀，齐国一片混乱。流亡在莒国的公子小白和寄居在鲁国的公子纠得到消息后，都觉得继承王位的机会来了，急忙打点行装，要回国争夺王位。管仲作为公子纠的师傅对形势做了清晰的分析："公子小白所在的莒国离齐国很近，如果他先行一步回到齐国，我们就没戏了。"他主动提出由自己先带一队人马去拦截公子小白，让鲁国派人护送公子纠回国。

当管仲带人马赶到莒国和齐国的交界处，正碰上鲍叔牙护送公子小白飞驰而来。管仲搭弓取箭，朝着车上的公子小白射去，小白大叫一声，栽倒在车上。管仲认为大功告成，不慌不忙地护送公子纠向齐国进发，结果到齐、鲁边界的时候才得知，公子小白已当上齐国新国君。原来管仲那一箭恰好射在公子小白的带钩上，一点没伤到人，但公子小白知道管仲的箭法利害，于是他大叫一声装死倒在车里。

鲍叔牙帮公子小白登上王位又帮他杀了公子纠，齐桓公感念他的忠心和所立的大功，要任命他做国相，没想到鲍叔牙死活不肯接受，他说："以前我帮君王做了些事情，那全是凭我对您的忠心而竭尽全力，现在您要把国相这么重要的职务交给我，这绝不仅仅凭我的忠心就可以做好的，君主你知道我的为人，小心谨慎，循礼守法，但不是治国兴邦之才。您该找个比我更有才能的人才行啊！”齐桓公说：“在我手下的大臣中，还没发现比你更出众的人才！”鲍叔牙说：“我举荐一个人保证能帮您成就一番霸业！”齐桓公急忙问：“这个人是谁呢?”鲍叔牙笑着说：“此人就是我的老友——管仲。”为了说服桓公，鲍叔牙从五个方面进行比较，他对桓公说：“我有五个方面不如管仲：宽惠爱民，我不如他；治国不失权柄，我不如他；忠信以交好诸侯，我不如他；制定礼仪以示范于四方，我不如他；披甲击鼓，立于军门，使百姓勇气倍增，我不如他。”齐桓公一听拍案而起，说：“这小子拿箭射我，这一箭之仇我还没报呢！”鲍叔牙恳切地说：“管仲不顾一切地为公子纠卖命，用箭来射杀您，这不正好说明他是一个非常忠义的人啊！两军交战，各为其主，他当时那样做没什么不对的，现在要治国了，若论才华，他远远超过我鲍叔牙啊！如果您只想治理齐国，不用管仲也可以；如果您打算称霸诸侯就一定要用管仲这样的杰出人才。”齐桓公是个很有肚量的人，为了齐国的利益，他还是听了鲍叔牙的劝说，断然弃忘前嫌，拜了管仲为国相。

管仲很感激好友鲍叔牙，更被齐桓公的大度和睿智所折服。他竭尽全力报效齐桓公，积极改革内政，发展经济，重新给农民划分土地，重视军队建设，特别是严格训练和管理。齐国在几年内就兴盛起来，获得了“九合诸侯，一匡天下”的地位，成就了齐桓公的霸业。

鲍叔牙对管仲的理解、信任和举荐充满了让人心灵震颤的人格魅力。可以说没有鲍叔牙就没有管仲发挥聪明才智和建功立业的机会，没有管仲的尊王攘夷和富国强兵的一系列改革策略，就没有齐桓公的霸主地位和齐国的辉煌发展，没有齐桓公的“九合诸侯，一匡天下”，汉民族的主体地位都将发生难以想象的变化。也就是说鲍叔牙的伟大人格力量不仅改变了管仲的人生轨迹，成就了齐桓公的霸业，而且巩固了国家和民族的统一。一个人有多聪明，有多大的能耐不是最重要的，有一颗大海一样宽广的心才是最伟大的。当我们禁不住赞叹鲍叔牙的宽广胸怀，羡慕管、鲍二人的深情厚谊时，不由得想起另外两对同窗好友：孙膑和庞涓，韩非子和李斯。孙膑和庞涓是鬼谷子先生的两位得意门生，曾经相互欣赏、情同手足。因为交上了庞涓这样心胸狭窄、妒忌成性的朋友，孙膑的一生是不幸的，也是侥幸的，他惨遭刖足之灾，但他最终以聪明和智慧战胜了庞涓，回到齐国发挥了自己的军事才能，为国家作出了巨大的贡献；韩非子和李斯则是荀况的两位高徒，同学时两人的友好关系令人羡慕。正是因为交上了李斯这样小肚鸡肠的朋友，韩非子的命运是不幸的、悲惨的，他遭李斯的谗言诬陷，被逼自杀，客死他乡！同样都是朋友，管仲则是最幸运的，也是最幸福的，他因为交上了鲍叔牙这样的挚友，真心帮助他走出困境，实现了人生的崇高理想。

送人玫瑰，手有余香。鲍叔牙成就了管仲，也成就了自己，他本人不仅安享天年，而且得到万世的敬仰。同时他的贤良还惠及子孙后代，鲍叔牙的子孙后代在齐国都享有俸禄，得到封地的有十几代，而且多数是著名的大夫。而心胸狭窄、残忍毒辣的庞涓被万箭穿心而死，心狠手辣的李斯结局更惨，被割掉鼻子、斩断舌头、砍掉脚趾后才腰斩于市。真是茫茫苍穹，公道自在，善恶到头终有报；芸芸众生，何去何从，荣华转眼便成空。对此，我们应当对人生有一种全新的感悟。

人格的力量是巨大的，拥有莲花一样圣洁美好人格的人则是幸福、伟大的！

有勇气在自己的生活中尝试解决人生新问题的人，正是那些使社会臻于伟大的人，那些仅仅循规蹈矩过活的人，并不是在使社会进步，只是在使社会得以维持下去。

——泰戈尔

心的高度

现在国内的企业，不论大小，也不论是国有还是民营，只要超过十年的，都是在市场经济逐步建立和发展过程中成长起来的。它们都经历了史无前例的大变革时代——从计划经济到市场经济。正因为如此，这个特定的时期注定是一个呼唤英雄并创造英雄的伟大时代。看看我们身边那些大大小小的企业家或者企业经营管理者，都有一种"指点江山，激扬文字，粪土当年万户侯"的英雄情结。稍微有点规模并多少能赢些利的企业，其掌门人大都有一种重任在肩的使命感和创造历史的成就感。"自命不凡，唯我独尊"成为相当一部分企业家的共同特点。实事求是地讲，改革开放的新时代，为英雄的成长提供了一个广阔的大舞台，各路英雄的脱颖而出也有力地推进了时代的进步。以历史的、客观的眼光来看，从依旧光芒四射的任正非、张瑞民、柳传志、刘永好，到已走下神坛的倪润峰、赵新先，都在一个特定的时期显示出了他们峰顶云天的雄才大略。本文不想用成王败寇的说法来分析讨论，只想表述一个观点：当一个企业的“英雄”痕迹太重的时候，危险就已经不远了；当英雄自以为是的时候，死亡就来敲门了。为什么这么讲呢？

企业是一个经济组织，组织就应当有自己的方向目标、决策程序、运营方式、经营机制、控制体系、管理制度等一套系统操作规程。可是当企业一旦被英雄主宰，形成英雄主义的时候，“企业”就成了“人业”，英雄的个人意志和行为方式代替了组织的功能。这在某种程度上会造成两个结果：一是导致企业整体组织功能的弱化和个人英雄主义的神化；二是将企业的命运系在超越组织的个人身上。个人的成败得失直接影响和决定着企业的生死存亡。世间万物都有自身的法则和规律，企业经营管理也必须遵循自身的规程和法则。

老子在《道德经》中透彻地分析了宇宙、万物、人生，包括了经营管理方面很多深刻的道理和规律。他老人家特别警示我们：“生之徒十有三，死之徒十有三”，其含义是长寿的人占十分之三、短命的人占十分之三。那么怎样才能铸造基业长青的大业呢？老子浓墨重彩地讲了为人之道：“太上，不知有之；其次，亲之誉之；其次畏之，其次侮之。”仔细咀嚼，这段话好像是专门针对企业的，观点非常鲜明，它表明，最优秀的领导，员工并不知道他；比较好的领导，员工知道他、亲近他、称赞他；一般的领导，员工害怕他；最差的领导，员工蔑视他。也就是说一个靠愿景、制度、机制运行和发展的优秀企业，没有个人英雄主义的参天大树生长的土壤和气候，反过来，个人英雄主义的参天大树傲视天下的企业，不论此时如何辉煌，它都不是真正意义上的优秀企业。老子认为：“圣人后其身而身先，外其身而身存”，“自见者不明，自视者不彰，自伐者无功，自矜者不长”。就是说，企业领导者自己退在后面，反而能赢得爱戴，自己置之度外能获得圆满。自逞己见并不聪明，自以为是并不高明，自我夸耀不是功德，自高自大难以长远。回头看看，在中国改革开放这一特定历史背景下崛起的企业和企业家，走过的是一段特殊路程，机会、胆量加小聪明成为成功的三大要素。很多企业是怎么从小做大的，自己根本说不清楚。但是，从一个时点上去看也是功成名就，有的还相当的风光和荣耀，领导者内心的快乐和自负与日俱增。这一切的一切都可以理解，但走向极端就让人担忧了。有的领导者把昨天的偶然成功因素当成必然规律，把特定历史下的意外成功无限放大，个人英雄主义已经膨胀到无所不能的程度。他们内心根本无视什么战略规划、治理结构、团队建设、制度文化等长期发展的基础。躺在昨天的成功经验上，看不清急剧变化的市场、听不进不同意见，幻想着用昨天的方法解决明天的问题并创造新的辉煌。结果会怎么样呢？下面这个故事也许能够帮助我们来回答这个问题。

有一天，一只在农家仓库里觅食的老鼠意外发现了一个盛满大米的大缸。这一发现使老鼠喜出望外，它先是警惕地环顾了一下四周，确定没有危险之后，接下来便跳入大缸内一通猛吃，吃完倒头便睡。

老鼠就这样在米缸里吃了睡、睡了吃。成功的喜悦和生活的快乐伴随它度过了一天又一天。米缸很大，仿佛永远吃不完，有时，老鼠也想过要跳出米缸去看看外面的世界，但是每次它都为自己发现这个米缸的成就所陶醉，认为自己是世界上最聪明的、最成功的老鼠。它回忆自己找到米缸的英雄事迹，准备把它总结、提炼写成一本书，让全世界的老鼠好好学习自己。但是，幸福的时光总是短暂的，有一天老鼠突然发现米缸见了底，它一下子慌了手脚，不仅断粮了，而且以米缸现在的高度，自己根本跳不出去了。对于老鼠而言，找到米缸的成功彻底打败了自己，其失败的代价就是献出自己的生命。

管理学家把老鼠能跳出缸外的高度称为“生命的高度”。老鼠为什么跳不出米缸？不是米缸太高，而是它的心胸太小，它走不出昨天，超越不了自己，当然跳不出米缸。从这个意义上讲，老鼠能跳出缸外的高度应该是“心灵的高度”。

一个走不出昨天的人，他不会有明天，一个认为自己可以超越组织的人，他最终可能会毁灭组织——无论他昨天多么英明神武。

尺有所短，寸有所长；物有所不足，智有所不明。

——屈原

为心做主

大至一个国家、小到一个企业，在经营管理上有何异同呢？异者，所面临的责任和压力不同。同者，适者生，不适者衰。看看身边，望望远处，再瞧瞧历史，我们必然有一个简单而又伟大的发现：一个繁荣昌盛的国家、一个欣欣向荣的企业、一个生机勃勃的部门，一定有一个共同点——找到了适合自身发展的道路，选择了适合自己所用的人才，形成了与实际相吻合的工作方法。正确的方向，合适的人才，好的方法是成功的三要素。有了这三个要素，你想不成功都难。当然三要素中最重要和最关键的要素是人才。苍茫大地，物宝天华，人才辈出。但是我们一定要记住，经营企业就是经营资源，人是一切资源的核心，合理配置是基础，优化配置是关键。人才只有在适合的岗位上才能成为“人财”。从古至今，合适人才的选择始终是一个棘手的问题，借用毛泽东的话说就是："政治路线确定之后，干部就是决定的因素。"可是这一"决定的因素"最难决定。无论是封建的世袭制，上级的考核任命制，董事会的聘用制，还是民主选举制，都很难保证在合适的时间用上最合适的人才。

在具体工作中，我们常常会发现一个有趣的现象——上级抱怨找不到合适的干部；下级腹诽上级没有一双慧眼。很多干部在原单位干得很出色，可一提拔（或民主选举）上去就不是那么回事了，工作没有起色，问题层出不穷，上级难堪，员工不满，当事人郁闷。并且这种用人不当、所托非人的错误，像春天的笋子一般不断从地上冒出来，在一定程度上成为组织和企业最大的负资产。

通过仔细考察，我们会发现干部选拔、晋升的很多程序本没有任何缺陷，但效果总是不理想。问题到底出在哪里呢？究其实，我们认为主要是一种思想、两种误区影响了正确的判断和选择。一种思想，即官本位思想，它早已在组织和个人心中扎下了很深的根。组织把提拔作为奖励，个人把晋升当作成功。两种误区，一是上级总是把各方面的优秀人才作为培养领导干部的苗子，完全忽略了专业人才和领导干部是两种不同的材质，由于缺乏对人才的全面评估和长期培养计划，许多杰出的专才在晋升中误入歧途。二是"一个不想当将军的士兵不是好士兵"的误导害了很多人。人人都认为自己有将军的潜质，个个都想沿着梯子往上爬。至于个人的理想、兴趣、性格、专长早被"将军"梦想覆盖。其实，世界上有花草树木，人亦有所不同。要让一棵树像花一样娇艳妩媚，树除了要忍受弃蓝大埋想的痛苦，还要饱尝失败的苦果；一棵小草倘若要完成树的使命，那不仅是草的错误，也是树的不幸。因为树有树的基因，花有花的本性，草有草的本心，一切当顺其自然，否则就会好心办错事。下面让我们看一则有趣的故事，这则故事也许能对我们理解上述问题有所帮助：

一天，上帝到人间巡视，在路边发现了一只冻僵的小老鼠。上帝把小老鼠拣起来带回天堂，轻轻吹了一口仙气，小老鼠渐渐苏醒过来，恢复了健康，从此和上帝生活在一起，白天到外面晒太阳、玩耍；晚上回到屋子里，躺在温暖的羊毛毯子上听上帝讲故事，生活非常愉快。然而美中不足的是小老鼠心中始终有一丝恐惧：上帝家里有一只猫，虽然天堂的猫不会伤害自己，但每次见到猫时小老鼠的心都紧张得要掉出来似的。

有一天，小老鼠对上帝说："万能的主啊，我和你生活在一起感到非常快乐，但是有一件事我想请求你的帮助。"上帝微笑着说："那是什么事情啊？说出来吧。""每当我看到家里的猫时，都感到莫名的恐惧。我想请求您，能不能把我变成一只猫？"上帝答应了小老鼠的要求，把它变成了一只猫。小老鼠变成了猫以后，兴奋异常，以为万事大吉了，可刚一出门就碰到了一条狗，吓得它连滚带爬地回到了屋子里。然后对上帝祈求说："仁慈的主啊！能不能把我变成一条狗？"上帝笑笑，答应了它的要求。

这下变成了狗的小老鼠大摇大摆地走出了家门，但突然有一只老虎经过它的身边，老虎张开大口打了一个哈欠，小老鼠魂飞魄散地跑回家里。它沮丧地对上帝说："英明的主啊，我最后一个请求，您就把我变成老虎吧！"

上帝欣然答应了它的要求。这一次变成了老虎的小老鼠激动万分：自己成了兽中之王，天下无惧了。它昂首阔步走出家门，可是房前的猫突然尖叫了一声，变成了老虎的小老鼠顿时惊恐万状、吓得屁滚尿流地跑回到上帝的身边。小老鼠百思不解，困惑地对上帝说："慈祥的主啊，我为什么变成了老虎后还是害怕猫呢？"

上帝"哈哈"大笑起来，然后对它说："身体和外观仅仅是一种形式，最关键的是你的心。你始终放不下那颗小老鼠的心，怎么会不害怕猫呢！"

上帝是否让小老鼠恢复原形，重过鼠的生活，不得而知。但现实生活中小老鼠变成了老虎后，鼠心能改吗？假如依旧是虎形鼠心，能让它从哪里来回哪里去吗？

合适的土壤种合适的植物，这是目不识丁的老农都明白的道理，成熟的组织首先要学习老农的“适者生存”的经验，千万不能选错了种子。另一方面，作为个人，当我们在为自己制定职业生涯规划时，应当先对着镜子好好照照，看清楚想明白——是龙就把目光锁定大海，是虎就立志要咆啸山林，是猫就要练好捕鼠的本事，千万不要被人误导而失去自我。适合自己的才是最好的，符合本心的才是最美的。

让武松去当武术教练，让武大郎去开烧饼店——这就是合适的人做合适的事，说小叫用人得当，说大就是以人为本（认知人的本质，用其所长）。

企业要为员工做主，提供合适的岗位让他们发展；员工要为心做主，做真正适合自己的事！

立身存笃信，景行胜将金。

——（唐）王梵志

凝聚力＝生命力

凝聚力也称内聚力，是团队对其成员的内在聚合力量。这种聚合力量是维持团队生存与发展的必要条件，也是增强其群体功能，实现其共同目标的动力源泉。所谓众志成城，关键点是在“志”上。只有每个成员都从内心深处把自己当作雄伟城墙中的一块砖，团队和企业把每一个成员当作不可缺少的一份子，砖与砖之间才能紧密结合，也才能构成雄伟的城墙。

从某种程度上讲，砖与砖的结合力就是企业的凝聚力。我们都知道没有凝聚力，一堆再完美的砖石也仅仅是散乱无序的砖石；有了凝聚力它就可以成为万里长城、成为雄伟的高楼大厦、成为美丽的亭台楼阁。有了凝聚力，一个企业就能从小到大、从弱到强、从创业走向成功。凝聚力的强弱升降决定着企业的兴衰成败。没有凝聚力的企业很难生存，也很难发展。有了一定规模并取得过成功的企业，如果一旦失去凝聚力，企业就会随之衰败。纵观诸多企业的兴衰史，我们可以得出一个结论：得凝聚力者得天下，失凝聚力者失江山。因为企业的一切都是靠人干出来的，我们仔细看一看“企”字，它的真正含义是，引进人才并让他安心地留下，就能成“企业”，人才一走，那企业就只有“止业”了。那么，企业要怎么样才能留住需要的人才，在发展中不断提高自身的凝聚力呢？

孟子说：“得天下有道：得其民，斯得天下矣；得其民有道：得其心，斯得民矣。”意思是说，得天下必先得民，得民必先得民心。那么，如何“得民心”？孟子认为“行仁政，得民心”。对于现代企业来讲，什么是“仁政”呢？企业最大的仁政就是给员工一个美好的未来。国内外众多优秀企业，无一不是把凝聚力的培育作为头等大事来抓，像微软、摩托罗拉、IBM、宝洁、通用电气、惠普、可口可乐之所以能像磁石般吸引全球的优秀人才，是因为这些公司都有一些共同的特点：清晰的发展目标、规范的内部管理、良好的运营机制、舒适的工作环境。这几点可以说是优秀企业的基本要素。我们都知道企业有了清晰的目标，员工才能有奋斗的愿望，才愿意和企业一起成长。试想如果一个企业的发展目标都不清晰，员工必然对自己的前途感到迷茫，这样的企业薪水再高也只能留住庸才，但留不住人才；企业管理规范，员工才能各司其职，各负其责，各尽其能。如果一个企业管理混乱、政出多门、朝令夕改，或者各吹各的号、各唱各的调，员工无所适从，忍耐不住就只有靠脚投票——远走高飞；企业有良好的机制，员工的工作积极性、工作能力、创造能力和工作绩效能得到充分的认可，员工的个人价值得以实现，满意度自然很高。反过来，如果企业没有好的机制，干多干少、干好干坏一个样，甚至要靠溜须拍马才能得到利益，得到提升，这样的企业必然会失去人心；舒适的环境是员工最向往的乐土，人除了生存、发展的需求，对工作快乐的需求也是非常强烈的。舒适的环境不仅能留住人，而且能留住心。反过来，恶劣的环境，不仅伤害人，而且伤人心。一个企业要有好的工作环境需要上上下下方方面面共同努力，精心营造。但是要破坏它则非常容易，错发一个文、错用一个人、错办一件事都可能影响员工的情绪，甚至伤害员工的感情。去过乡下的人都知道，一个村子只要有人家养了恶犬，必然是邻里不安、鸡鸭不宁，一个企业如果没有严格的制度和约束，一旦出现超越组织的人和事，那对环境的污染和员工快乐指数的影响是致命的。凝聚力是企业从宏观到微观的全方位经营管理成果在员工内心的一种感受，这种感受直接反应企业的经营和管理现状。

实际工作中企业的凝聚力可从两个方面来衡量：一是员工满意度，二是员工流失率。这两个指标有着内在联系。一般情况下，员工满意度高，流失率就低；满意度低，流失率就高。不过我们还应当看到，员工的流失分为显性流失和隐性流失。员工因满意度低而辞去工作，是显性流失；但是当员工心里不满，并没有选择离开，而是采取消极怠工的方式继续留下来混日子，这即是隐性流失。有的企业员工流失率极低，但并不一定说明企业的凝聚力强。这些企业由于管理松懈，没有绩效要求，也很吸引南郭先生们。因此，我们在考察满意度和流失率时，要把握两个要点：核心员工的满意度和关键员工的恶性流失率。只有核心员工的满意度高、恶性流失率低，那么企业的凝聚力才是正向的。如果反过来，那我们就一定要反思和警惕了。经营企业就是经营人，经营人就是经营人气，经营人气就是经营员工的感受，员工的感受交互作用就生成一种特殊的能量——凝聚力。感受的好坏决定凝聚力的强弱，凝聚力的强弱决定企业的发展和衰败。

凝聚力是企业的生命力，要提高和增强这种内在聚合力，没有捷径，也没有灵丹妙药，更没有锦囊妙计，只有扎扎实实从一点一滴做起，努力在目标、管理、机制、环境这几个方面下苦功，努力提高员工的满意度，只有真心才能换来真情，只要把方方面面的工作都做好了，满意度自然会提高；满意度提高了，凝聚力必然增强；凝聚力增强了，企业当然能快速、健康地发展。

我们只有紧密结合，才能
构成雄伟的万里长城。

诚无不动者，修身则身正，治事则事理。

——(宋) 杨时

渺小与伟大

人世间有一种神秘的力量，它无所不能，能够创造任何人间奇迹。埃及的金字塔、中国的万里长城只不过是这种神秘力量玩积木时留下的痕迹。而且更令人难以想象的是，这种神秘的力量无处不在，人人身上皆有，取之不尽、用之不竭，只是人们对它的理解和认识迄今都不够清晰、透彻。专家们把这种神秘的力量叫做智慧力。在危难时西方人求助于“万能的上帝”，中国人求助于“有求必应的观世音”，其实这也是人们对智慧力的另一种向往和崇拜。遗憾的是，很多善男信女都走入了思维的沼泽地，他们不明白智慧力不是心外可求的，它的源头在每个人的内心深处。如果把心比喻为一片土壤，那么智慧力就是其上的植物。从人类来到这个世界那一刻，智慧的种子已在心灵的土壤中安家。不过你要让它只是一粒种子，还是成为一棵小草、一棵大树、一片森林，全看你的心胸有多开阔了。

客观上讲，我们每一个人的知识、才能、力量都是相对有限的，但是，人类适应客观环境和改造客观环境的能力是无限的，关键是作为个体的人要找到超越极限的路径。人有两条路可以改变和超越自己：一是学习；二是合作。学习可以拓宽有知的境界，进一步认识自己的局限性；合作则是用人之长补己之短，是超越自己最好的途径。我们的祖先从丛林中走出来，面对各种凶猛的野兽，作为个体处于绝对的弱势。但祖先们通过集体围猎能战胜凶恶无比的敌人，同时不断借用外物，学会用石块、木棒、弓箭等武器来保护自己、消灭敌人。最后祖先们成了真正无敌于天下的动物之王。祖先们从动物中脱颖而出，靠的不是蛮力，而是高于一切动物智商的智慧力。如果单打独斗，他们无疑将成为猛兽们的腹中食；如果不借用外物，到今天他们也依旧在丛林中被追得四处逃窜。那么为什么在百兽之中只有我们的祖先懂得学习、合作，懂得利用外物呢？这是一个千古之迷。但是当我们拂去神秘的面纱，用一种理性的目光去审视祖先们的所作所为时，我们便大彻大悟了。在物竞天择的背景下，面对凶猛无比的各种野兽，祖先们难能可贵地认识到由于个体的弱小，他们从内心需要同伴的帮助，需要团队的强大，并用行动相互帮助，共同努力让团队强大。同时他们也知道，上帝给他们的齿不够利、爪不够坚、力不够大，因此，必需利用外物。信任他人和利用外部资源的伟大种子一旦在祖先们的心底扎下根，历史前行的方向盘就被人类握在了手中。有了信任他人和与外界的合作精神，就有了智慧力的源头，智慧力的河水必将奔腾而来。智慧力改变了祖先们的命运，也改变了世界的命运——成就了人类。

信任他人、利用外物是智慧力的根，同时也是智慧力的死穴。人一旦被本来弱小的自我控制，失去理性的判断和思维，自以为是、孤芳自赏、嫉贤妒能，必将从成功走向失败，把辉煌推进暗淡。伟大与渺小有时仅在心底的一念间。苏东坡在《念奴娇·赤壁怀古》中深情地写道：“大江东去，浪淘尽、千古风流人物。故垒西边，人道是、三国周郎赤壁。”轻吟此词，我们不禁为周公瑾的极度聪明和极度狭隘扼腕叹息。公元 208 年，曹操率 80 万大军南下，取襄阳，得荆州，败刘备。意气风发，欲以武力收购的方式，快速组建中国曹氏全资公司。面对水陆齐进的强大敌人，不足 3 万兵马的孙吴集团沉浸在“不得不放弃经营权”的哭泣声中。而此时，左都督周瑜却异常理智和冷静。他为消除东吴的灭顶之灾，做了以下几件事：①请比自己年轻十岁的诸葛亮共商退敌之策；②与诸葛亮共同制定出了火攻的妙计；③同意了黄盖的诈降方案；④请诸葛亮草船借箭；⑤请诸葛亮设坛借东风。信任和合作产生了伟大的智慧力，周瑜在赤壁大破曹军，曹氏集团的收购计划差一点成为破产惨剧。赤壁之战成为世界军事史上以少胜多的经典案例。更为重要的是，这一战改变了历史的运行轨迹——将一个即将挂牌的全资公司，分成了三个独立法人的企业，使东吴集团持续经营了 80 多年。赤壁之战是周瑜一生的辉煌，但真正成就周瑜的不是诸葛亮，也不是黄盖，而是他内心一时占了主导地位的优良品质——信任与合作精神。如果他不信任诸葛亮，不信任黄盖，一切都是枉然。然而，当赤壁大火熊熊燃起之时，周瑜内心那可怕的嫉妒之苗破土而出。这位具有杰出军事才能和指挥天赋的都督，囿于自己狭窄的心胸，不仅再无作为，而且在“既生瑜何生亮”的悲叹中提前结束了自己的生命。

埃及金字塔的神秘、中国万里长城工程之浩大、赤壁之战的不可思议，仿佛都非人力所为。其实每个人眼中所看到的很多不可为，只是从个人的角度出发，以一己之力和一时之功去推断，如果换一种思维方式，让我们从内心深处相信他人，并真心诚意地去合作，也许一切都会改变，因为伟大的智慧力将为我们创造希望中的人间奇迹。

热爱工作，你就生活在天堂；讨厌工作，你就走近了地狱。

——作者

天堂与地狱

前段时间，在网上流行一首打油诗，讲的是咱老百姓的理想生活，虽然有好几个版本，但意思都差不多：“上班自由责任轻，活少钱多离家近；睡觉睡到自然醒，数钱数到手抽筋。”哈哈，世界上哪有这样的好事啊？即使有，也落不到普通老百姓身上。当然，我们每一个人都可以闭上眼睛幻想一下，如果真有这样的理想生活，那是不是可以大呼小叫：“共产主义已经实现啦！天堂就在脚下啦！”或者可以深情地对自己说：“生活啊，真是爽歪歪。”我们完全有理由相信，天堂和共产主义的生活也不过如此。

也许是上帝为了帮助我们拨开迷雾看世界吧。他老人家一拍手，在太平洋的小岛上出现了一个我们期望的那种理想生活的试点。

让我们一起去看一看上帝的试验田——“人间天堂”、“岛上的共产主义”吧。

在太平洋西部克罗尼西亚群岛中，位于赤道以南53千米处有一个珊瑚岛，全国面积只有22平方千米，相当于中国面积的四十四万分之一，人口约10 000人，是世界上最小的岛国——瑙鲁。在世界30多个岛国中，瑙鲁是最小的一个。这个岛国略呈椭圆形，四周全被珊瑚礁环绕，海岸地带是一片银白色的沙滩。全国没有河流，仅有一个小湖（布阿达泻湖），没有广播，没有报纸，国内有什么新闻和要事，经过“一传十，十传百”，很快就会传遍全国。全国只有一条公路（环岛），一条铁路（窄轨），一个商店，一个邮局，一个旅馆，一个港口，两个饭馆。这个国家还没有军队，所拥有的全部武装力量是60名警察。“瑙鲁”这个名称不仅是其国名，而且还是这个珊瑚小岛和这个国家首都的通用名称。瑙鲁虽国小人少，却是世界上最富有的国家之一。

是什么原因使得瑙鲁这样富有呢？原来，它的财富主要来源于岛上丰富的磷酸盐矿——长期堆积的鸟粪经过矿化作用而形成的优质天然磷肥，这种磷肥含磷量高达37%以上，瑙鲁全国5/6的面积被磷矿所覆盖，成为“无土之邦”，总蕴藏量在1亿吨以上，年产量高达200万吨，每年出口额达1.2亿美元，畅销日本、英国、澳大利亚、新西兰等国。

磷酸盐矿给瑙鲁带来了巨额的收入，使得这个最小岛国的福利事业发展得非常迅速。全国实行普遍免税，在居民的住房、电灯、电话、医疗、入学、养老等方面，也普遍实行了免费。高档家用电器家家都有，豪华别墅随处可见，高级轿车每3人就有1辆。大多数瑙鲁人无须工作，而且每人每年还享受政府发放的数万美元的零用钱。上帝让瑙鲁人率先做到了：“上班自由责任轻，活少钱多离家近；睡觉睡到自然醒，数钱数到手抽筋。”

但是瑙鲁人在这种极近奢华、舒适安逸的生活中感受到了天堂的美丽、幸福快乐的人生吗？我们想知道，听说过瑙鲁的人也想知道。上帝在瑙鲁的试点结果，却令人瞠目结舌：瑙鲁人高血压、心脏病、脑中风居世界之最，有37％的人患糖尿病，为全球最高；全岛只有1.3％的人能活到60岁，是世界上人均寿命最短的国家。更可怕的是瑙鲁人缺乏外出谋生的技术和能力，磷酸盐矿的资源是有限的，没有了这座“金山”，瑙鲁人必将从“天堂”走向“地狱”。

通过上帝在瑙鲁的试点，我们明白了一个最基本的道理，天上不会掉馅饼，真从天上掉下来的馅饼，恐怕吃下去也不好消化；地上不会长金条，如果真长出来了，恐怕一般人也很难消受。一分耕耘、一分收获；不劳而获，那就成了猪，成了猪那迟早都要伸出头任人宰杀。这是最基本、最公平的生存定律和自然法则。

唐朝有一位高僧叫百丈禅师，他摒弃僧人乞食的生活制度，规定禅院上下均一起劳动。他将禅学运用于劳动实践。百丈禅师躬身实践“一日不作，一日不食”的农禅生活，每日领众修行，勤苦工作，但是岁月不饶人，转眼老禅师到了两鬓苍苍、颤颤巍巍的风烛残年。虽然体力不支，但他仍然不听众人的苦苦劝告，坚持亲自下田劳动。有一个僧人灵机一动，想出一个“好”办法。他趁老禅师入睡的时候，把老人下地劳动的工具偷走藏了起来，心想这下我们师父就不用再下田了。老禅师醒来后发现工具不见了，又看到徒弟们面有喜色，就知道是他们捣的鬼。老禅师也知道徒弟们是为了他好，但他要以自己的行为告诉弟子们——劳动是修行的必修课。老禅师说：“我无德劳人，人生在世，若不亲自劳动，岂不成为废人。”并真的不吃饭了。弟子们不得已，只好将农具还给禅师。这时，百丈禅师又欢喜地和大家下田、吃饭、生活。

咱普通老百姓更要明白，只有工作、只有劳动、只有汗水换来的大米吃起来才香、衣服穿起来才漂亮。只有工作才能让人真正开心，才能让人心情舒畅，才能让人在实现自己人生价值的同时感受到生活的美好和快乐。天上不会掉馅饼，即使掉下来，吃了也不好消化。

热爱工作，你就生活在天堂；讨厌工作，你就走近了地狱。

很多时候，人自身的感性因素一旦超越理性，人的赌性就会破土而出，而当人以赌徒的心态做选择时，其实离魔鬼和地狱就越来越近了。远离魔鬼和泪水的唯一途径就是让理性和智慧为我们选择进退之路。

——作者

理性和智慧

2007年10月到2008年6月，中国股市走出了一条令人怵目惊心的大阴线，沪指从最高的6 100多点下跌至2 700多点，在泪花飞溅中惨遭腰斩。痛心疾首的不只是散户，还有机构。一著名券商在一份总结报告中无奈地表述："我们的策略分析员这些日子饱受煎熬，市场在去年出现的非理性上涨，我们没法预测，市场在近期出现的非理性杀跌，我们也无法预测。"但是在这场股灾中，并不是所有人都在流泪，也有人从中受益：一是在高位落袋为安的智者，他们目睹股市跳水时，在旁边窃笑，并且再次在底部建仓。二是医院。为什么呢？据说，股市跌破3 000点以后，因心脏病、失眠、抑郁症到医院就诊的病人是平时的几倍，医院在股市的呻吟中小赚。这两类受益者不仅反衬出乐者更乐，悲者愈悲的现实，同时也迫使我们不得不思索一个无法回避的问题：

面对同样的一片天空、同样的一个市场、同样的一个事件，为什么会有截然不同的两种结果，为什么会出现迥然不同的两种人：笑的和哭的；大笑的和大哭的；笑死的和哭死的？

其实，在同样的背景产生不同结果的原因很简单，就是两个字——选择。不同的选择就有不同的结果。但是，选择是一个沉重的话题。在选择背后有太多的因素、太多的元素、太多的故事。人们从太多的泪水和教训中，惊奇地发现人类或许是出于生理结构的原因，大多会犯同样的错误：勇往直前，不管后果。为什么呢？就是因为人的眼睛是长在前面的，因此，人类往前看、往前跑都很快、很顺、很自然、很爽。但是，往后看、往后退则很慢、很难、很别扭、很烦。仔细想一想，在很多时候，我们做一项决策时，常考虑的是成功以后怎么分享胜利成果，而很少考虑失败以后怎么承担失败的责任。事实上，当我们在对任何事项进行选择时，倘若不顾及其后果，就已经不是理性的决策，而是一种赌博行为了。普通人与赌徒的差异仅仅是毫厘之间、一念之差，实质上就是理性思维和感性思维的区别。比如说，投资和赌博都有相同的目的——赚钱。二者的差异在于：投资是一种理性的决策，赌博是一种感性的博弈。也就是说，充分认识风险并有相应措施和准备的行为则近于投资；不考虑后果的任何行为都是一种赌博。而且我们还应当看到，生活中很多赌博行为都不是发生在赌场上，是不是赌徒，是不是赌博，主要看做事的心态。比如股市大涨的时候，虽然，政府天天都通过媒体告诉老百姓："股市有风险，入市需谨慎。"理财专家也告诫大家："投资股市不要超过自己资产的三分之一。"可是，我们很多兄弟姐妹们——那失去理智的双眼紧紧盯着上涨的红线，心中只有渴求赚钱的强烈愿望，没有任何风险意识和心理准备。于是，有的朋友不仅倾其所有，甚至还负债入市。股市投资已异化为一种彻头彻尾的赌博。大家都知道赌徒的结局：或大喜，或大悲。但从概率上讲，永远是悲多喜少，常常是从喜剧开始，以悲惨告终。

在生活中，面对各种各样诱惑的时候，能保持一种理性的心态是难能可贵的，能保持一种智慧心态则是伟大的。那么，什么是理性和智慧的心态呢？简单地说就是，当你做出任何选择时，既能想前也能思后，既有对成功的渴望，更有为失败做好的准备，这是理性的。当你在前进时，由于其他原因，感到风险很难控制，你能及时做出相应的调整，甚至坚决否定自己的决策、回避风险，这就是智慧。事实上，人要做到理性和智慧是非常不容易的，因为人的双眼长在前面，喜爱冒进，无视风险。很多时候，人自身的感性因素一旦超越理性，人的赌性就会破土而出，而当人以赌徒的心态做选择时，其实离魔鬼和地狱就越来越近了。远离魔鬼和泪水的唯一途径就是让理性和智慧为我们选择进退之路。

有感于此，让我们去认识一位“世界上最理性、最智慧的人”——克洛普先生。

1996年春，瑞典的登山运动员——克洛普和其他12名登山者一起攀登珠穆朗玛峰。在距离珠穆朗玛峰仅剩下300英尺时，他毅然转身下山。克洛普以登山为生，这次为了攀登珠穆朗玛峰，他骑自行车从瑞典出发，行程700英里，历经千辛万苦。如果前功尽弃，不仅损失惨重，而且将贻笑大方。

离峰顶近在咫尺，克洛普为什么转身而返？原因在于，他预定返回的时间是下午2点，虽然仅需45分钟就能登顶，但那样他会超过安全返回的时限，无法在夜幕降临前下山。事实证明，克洛普是明智的。同行的另外12名登山者，大多登上了顶峰，但最终都因错过了安全返回的时间而葬身于暴风雪之中。

后来，经过对恶劣环境的适应，克洛普相对轻松地登上了珠穆朗玛峰。他在存在更多危险的春季登峰，没有留下影响终生的冻伤，也没因惨烈教训留下心灵的创伤，毫发无损地下山，这本身就是一个奇迹。

作为一名职业的登山运动员，克洛普没有留下遗憾，他只留下了控制风险、把握成功的微笑。可以说，他的人生是理性的、智慧的，因此也是美丽的。尤其是，他在临近峰顶时“转身下山”。表面上，他是在往山下走，实际上，他是登上了一个更高、更难、更美的心理上的珠穆朗玛峰——这是人类最难攀登的险峰。有时进即是退，退也是进。为了帮助人类认识这个道理，布袋和尚在插秧时，告诫我们说：“手把青秧插满田，低头便见水中天。心底清净方为稻，退步原来是向前。”

是啊，以理性和智慧的方式选择，我们就会发现生活中有很多“退步原来是向前”的美丽景观。避免无所作为、活得苟且。因而，唯有正确把握进退的人才能达到成功。

走不出习惯的阴影就走不出人生、工作和事业的峡谷。尤其是面对困难时，应该选择“跳出窗子”看世界的方法，要打破习惯的思维方式，反思现在的工作状态，找到问题背后的问题。只有这样，我们才能走出习性的阴影，开启一扇希望的大门，用一种全新的工作方式，创造良好的工作业绩。

——作者

走出习惯的阴影

可以这样诠释习惯：习以为常的思维方式和行为方式。习惯一旦注入我们的身心，它就和性格、脾气一样处于一种近乎无意识的状态。看似不经意，但在无形中却影响着我们的行为、生活和工作，并决定着我们的成败与得失。那么，习惯到底为何物呢？让我们通过一个故事，增加一点感性认识。从前，有一个徒弟跟师父学剃头，开始时师父让徒弟在冬瓜上练习，这个徒弟每次练习结束时就随手将剃头刀砍在冬瓜上，师父教训他，他却不以为然。后来真正开始给人剃头了，由于“刀砍冬瓜”的行为已经成为一种习惯，徒弟剃头时不经意间竟随手将剃头刀砍在顾客的头上……

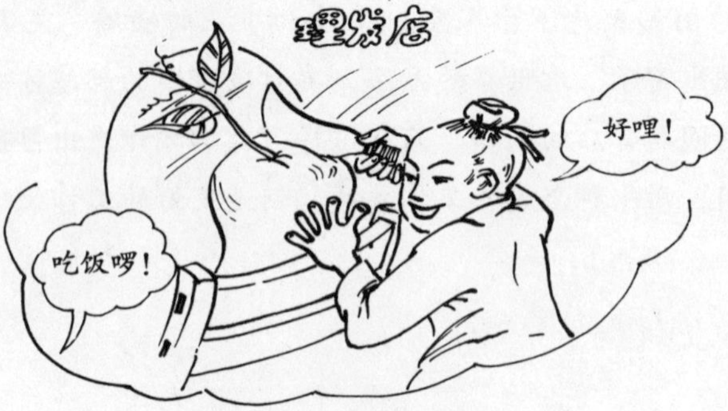

不经意的行为渐渐演变为一种习惯，它必将反过来对人的行为产生直接的影响。有人说："播种行为，收获习惯；播种习惯，收获性格；播种性格，收获命运。"面对生活中的许多不如意，我们大多数人的第一反应是怨天尤人。其实真正应当反省的是自己的行为、习惯和性格。习惯是一个中性词，无所谓好坏。好的行为形成好的习惯，好的习惯生成好的性格，而性格决定命运。同样，不好的行为也会形成不好的习惯和性格。因此，从某种意义上讲，我们的工作、生活、事业，可能成于习惯，也可能毁于习惯。大家都知道毛毛虫和鲨鱼是完全不同的物种，相比之下毛毛虫很渺小，鲨鱼很强大，一个生在树上，一个长在海里，然而由于"习惯"的原因，两个家伙都变得既好笑又可怜。法国科学家做过一个试验，把若干毛毛虫放在一个花盆的边缘上，并在花盆周围不到六英寸的地方撒了一些毛毛虫最爱吃的松针。毛毛虫开始一个跟一个，绕着花盆一圈又一圈地爬，一小时过去了，一天过去了，又一天过去了，毛毛虫还是不停地围绕花盆在转圈，终于因为饥饿和精疲力竭而逐渐死去。科学家的另一个实验，在海洋馆人们用玻璃板把一条具有攻击性的大鲨鱼和另一条小鱼隔开。刚开始，这条大鲨鱼不断撞击玻璃，企图捕食隔壁的小鱼。无奈，玻璃隔板太坚硬，无论鲨鱼怎么发威，玻璃隔板丝毫无损。攻击了一段时间后，大鲨鱼便放弃了。于是，科学家便把隔板悄悄地移开。意想不到的是，大鲨鱼再也没攻击过小鱼。它们都温和地在各自的领域活动，互不侵犯。

毛毛虫的试验结果给人的启迪也是深刻的，毛毛虫的悲剧在于盲从。其实，只要有一条毛毛虫打破固有的习惯，即跟随的习性，就会逃离死亡的陷阱。遗憾的是，毛毛虫太傻了，它跟着习惯一直走到死。可是，我们应当明白，被习惯引入陷阱的不仅仅是渺小的毛毛虫，其实人也一样。比如，面对一个市场、面对一群客户，由于我们的策略、方法不当，主动性不够，导致业务不理想，因为某些方面的原因，我们不断为失败找借口，于是就责怪产品没有性价比优势，抱怨客户不好合作，埋怨经营环境太差。当一种消极、悲观的情绪弥漫在整个公司时，大家除了叹气还是叹气，于是业绩在叹气中每况愈下。这种情景和绕着花盆爬的毛毛虫没有任何差别。

鲨鱼的悲剧是典型的习惯思维后遗症：通过一段时间努力而没达到预期效果时，便固步自封，画地为牢，认为这件事自己永远都办不到，却完全忽视了外界条件的改变。久而久之，便形成了习惯性思维，困在失败的阴影中爬不出来，以致失去一次又一次绝好的机会。

面对习惯，我们要有一种理性而清醒的态度。良好的习惯要保持和发扬；不好的就要坚决改正。走不出习惯的阴影就走不出人生、工作和事业的峡谷。尤其是面对困难时，应该选择“跳出窗了”看世界的方法，要打破习惯的思维方式，反思现在的工作状态，找到问题背后的问题。只有这样，我们才能走出习性的阴影，开启一扇希望的大门，用一种全新的工作方式，创造良好的工作业绩。

作为万物之灵的人是否比毛毛虫聪明，是否比鲨鱼高明，并不是看自己是否会穿西服打领带，而应当看自己是否能看清“花盆边的陷阱”，是否能真正洞察“玻璃隔板的变化”，是否能从困境中从容走出……

任何信息与知识，只有经过自己的理解和认识，真正的消化、吸收以后，才能成为认识客观世界的工具，同时，只有充分利用这一“工具”去开山耕田，我们才能收获人生的丰硕成果。

——作者

践道前行

面对今天这个让人眼花缭乱的知识爆炸的时代，面对今天信息集散速度让人目瞪口呆的互联网，我们作为地球村的村民，不论你是愿意还是不愿意，喜欢还是不喜欢，都已经被无情地扔进了知识和信息的汪洋大海之中。有人做过一个试验：十天时间两耳不闻窗外事，结果，同事们谈论的话题，有一大半他都不知所云。由此，我们可以设想，让一个绝顶聪明的人与世隔绝：半年后，他开始变傻；一年后，他基本上成为傻瓜；三年后，他完完全全变成白痴加废人。也就是说，现在信息吸收和知识更新的速度，真正已达到怵目惊心的程度。倘若要跟上高速前行的时代列车，那我们就不能躺在昨天所学的知识上睡大觉，必须与时俱进，不断吸收新的知识，不断学习新的方法，不断探索有益于工作、生活和人生的真知灼见。

面对高山一样的纸化图书，面对大海一样的电子图书，面对取之不尽、用之不竭的网络知识宝库，我们这一代人有了前所未有的良好学习条件。可以说，只要你有学习的需求，现实世界和虚拟世界都有千万双手来帮助你。小小的鼠标能让你联通五湖四海，只要搜索引擎一启动，隔壁王老二去年偷李老三家一根黄瓜的事，不用半天就会让地球人都知道。现代信息技术的发展，为人类收集信息、储存信息、传播信息创造了最好的物质条件。但是，我们这一代人也遇到了一个史无前例的巨大困惑：书山文海，让我们目不暇接。不知不觉中，我们的大脑变成了容量巨大的一个邮箱，每时每刻都在接收海量的信息和知识。我们拥有最新的信息、最新的知识，与人沟通时口若悬河，让人肃然起敬，与人交谈时夸夸其谈，给人的感觉是：太有才啦！不过扪心自问，我们会突然发现，在不知不觉中，大家都慢慢成为知识、信息的储存器和转发器，异化成了知识爆炸时代一种新型的"书呆子"。很多方面的知识，我们不仅知道，而且能侃侃而谈。但是，我们并不知其所以然，更没有消化吸收，形成应有的知识体系和与心灵相通的思想观点。当然，离把知识转化为能力的要求就相差更远了。如果不彻底从思想上、方式上、方法上去反思和检讨，我们就会从现代信息技术的受益者变成受害者。

了解、拥有信息和知识与理解掌握、融会贯通、灵活应用，虽然只有一墙之隔，但差之毫厘，谬以千里。比如企业的销售、财务信息，信息管理员通过ERP可以一目了然，但是如果不通过对比分析，找出数据背后的关键因素、揭示经营中存在的问题、发现潜在的商业机会，并使之成为经营决策的依据，那么，所有的销售、财务信息只不过是一堆无用的数据。海量的信息和知识犹如矿山矿石，拥有它并不重要，重要的是怎么样把它冶炼为自己需要的金属。

让我们来看一个故事，也许这个故事能为我们打开一扇智慧宝库的大门：

阿难尊者是释迦牟尼的十大弟子之一，也是释迦牟尼佛的堂弟，跟随佛陀出家，佛陀五十五岁时，选阿难为常随侍者。阿难在这个重要岗位上一干就是二十五年。因为他博学强记、过耳不忘，对佛的一言一语都能谨记无误，是所有比丘中记得佛法最多的人，他能像录音机一样背诵所有佛经，因此被称为"多闻第一"。文殊菩萨曾经这样赞叹阿难的多闻：佛法如大海，流入阿难心。尽管阿难精通佛经，也了解所有的修行方法，但是由于阿难一直没有下苦功去修炼，没有把佛法融入到实际的生活中，因此，他的心总静不下来，莫明的烦恼像影子一样跟随着他，直到佛陀圆寂，阿难也未能开悟。

佛陀涅盘九十天后，大迦叶尊者召集499名罗汉，在王舍城附近的七叶窟集会，要将佛陀生前所说的经文和戒律结集起来。这就是佛教史上最著名的第一次经典结集。出席结集会的标准清晰而严格：只有真正开悟、经历无漏体验、证得罗汉果位的人才可出席。阿难虽是多闻，并且能背诵所有佛经，但是由于尚未证悟，因此被摈弃在结集的石窟外。阿难向大迦叶尊者苦苦哀求，甚至哭泣下跪。大迦叶尊者以长老身份教育阿难，指出阿难种种过失："你是佛陀最爱的弟弟、最信任的侍者，二十多年和佛陀朝夕相处，聆听最多的教诲，又有超人的聪明智慧，可是你却连罗汉果位都没有证到。今天你有何面目参加结集呢？阿难，明天结集正式开始，现在已进入七叶窟的人，都是神通俱足的阿罗汉。你看看这门上的钥匙孔，你若能从此小孔中进去，你就有资格参加结集了。"

阿难羞愧难当，含泪退出。

阿难把自己反锁在房间里，结枷而坐，开始反省："我一直以为自己是佛陀最爱的弟弟和侍者，只要多闻佛法，不必苦修，有佛的神力，早晚能登堂入室。没想到结果是这样啊！"这时，空中传来佛陀的声音："阿难，你肚子饿了，我能替你吃饱吗？"

"不能。"

"我将一桌美味佳肴说给你听，你能背诵了，这样能解饥吗？"

"不能。"

"我的佛经，我的佛法只是引导众生探索真理的工具。我的指头指向月亮，你不能把我的指头当成月亮。说食不饱，觉悟靠己啊！"

"佛陀啊，我知道自己错了。"

心中一片空明，朗月临窗，阿难豁然开悟了。沐浴朝阳，阿难步伐轻快，他自然大方随手推开七叶窟的大门，微笑而入——法本自然，推门而入就是最大的神通。阿难被大家推上狮子座，五百罗汉参与的结集正式开始。阿难将记忆中的大法完整背诵出来，所有在座的大比丘如同再一次接受佛陀的教诫一般，为之感动万分。

阿难尊者开悟的故事告诉我们：任何信息与知识，只有经过自己的理解和认识，真正的消化、吸收以后，才能成为认识客观世界的工具，同时，只有充分利用这一“工具”去开山耕田，我们才能收获人生的丰硕成果。

知识爆炸和互联网集散信息的巨大功能没有什么可怕的，只要我们掌握好学习、消化、吸收的方法，并坚持实践第一的原则，我们就能驾驭智慧的航船，自由地在知识的大海中航行。

大道践行，践道才能前行。

中　篇

管理之术

一切都在变化，唯有创新永恒。创新是生存的基础，更是发展的动力。

——黄冠雄

动力之源

德美化工的掌门人黄冠雄在总结自己的创业经验时，用了最简洁的三句话来概括：合作是事业成功的基础，创新是企业前行的动力，发展是事业的未来和希望。

面对全球经济一体化、市场竞争白热化的现实，中国的企业家们都在思考这样的问题：我们靠什么去继往开来？靠什么让事业的大树基业长青？答案只有一个——创新。只有创新才是企业发展的动力之源，管理大师德鲁克信奉“任何成功的经验都不能让别人同样取得成功”，道理很简单，此一时，彼一时。同时，我们还应当看到，任何成功和发明创造都不能永葆青春。地球每天都在运转，我们所处的商业环境也是每天在变化。因此，我们必须与时俱进，大胆改革创新，才能适应新的形势和新的市场环境。尤其是面对二次创业的今天，创新已成为所有企业工作的主旋律。

创新不是一个时髦的名词，不是虚幻的空中楼阁，也不是一种美丽的装饰品。创新是对传统思维的扬弃，是对旧有方法的更新，是针对动态环境的模式调整。创新是企业的生存之道，不创新就只有死路一条。深圳润讯是 20 世纪 90 年代民营通讯的龙头，主营寻呼业务，生意做得风生水起、日进斗金，但随着手机价格和资费走低，手机越来越普及，单一的传呼功能被手机的双向沟通所取代，传呼业务日渐萎缩。如果固守城池不去创新求变，就只有死路一条。公司意识到技术环境的变化趋势，果断地开辟了新的业务方向，成为网络通信、通信产品及服务连锁销售、信息通信服务领域的巨头。

企业的创新，不只是决策层的事，不只是研发部门的事，不只是企划部门的事，创新是一个全方位的整体概念。每一个部门，每一个体系，包括企业里的每一个人都肩负着创新的重任。大到企业的战略管理、治理结构、管理体制、文化制度，中到产品研发、营销模式、运营管理，小到具体业务、工作方式都应当与时俱进、不断革新。

创新的内核是观念和思维方式的转变，在具体工作中，创新主要有两种形式：一种是改进、改良式创新；另一种是变革、破坏式创新。改良式创新是对“过去”进行充分的分析、总结，不断提升经验、挖掘成功，形成创新的价值。改进、改良式创新的前提是对现有资源的认可和利用。纵观周边的优秀企业，绝大多数都是通过坚持不断改进、改良的创新方式在发展。“问渠哪得清如许，为有源头活水来。”一个企业一旦把昨天的成功经验作为一种思维定式或灵丹妙药而不思创新的时候，就到了非常危险的境地。革命和破坏式创新是对“昨天”的否定和放弃，是一种重起炉灶式的革命性动作，但是这种创新的风险相当大。芬兰的诺基亚作为一个木材加工、化学药品、橡胶与电缆等产业的大集团，彻底转向专业化的道路，最后成为移动通讯领域的全球领导者，确实是对昨天革命的伟大创新。不过像诺基亚这样成功的案例并不多。

企业的创新应当作为日常经营管理的重要组成部分，融入管理的各个环节中去，形成一种创新的思维、创新的体制和机制，而不是搞运动、搞政治、搞形式。尤其是面对工作中存在的各种问题，千万不能采取简单粗暴的态度和不负责任的方式去处理，而应当对问题进行客观、深入的分析。要从问题中发现机会，而不要在机会中纠缠问题。同时，我们还应当真正明白，创新不是从我们喜欢的地方做起，而是要从解决问题并能创造价值的地方做起；创新的目的是为了适应市场的变化和企业发展的需求；衡量创新成功的尺子只有一把——客户满意和愿意为我们的创新掏腰包。

恩格斯说，人类思维是“地球上最美丽的花朵”，而创新思维则是其中最璀璨的一支，只有“变”是永远不变的真理。

著名企业家李晓华的人生轨迹，就是创新成功的典范。他1951年出生于北京的一个工人家庭。1968年，文化大革命如火如荼时，他到黑龙江参加了生产建设兵团。1981年，改革开放开始了，他没有回城当工人，而是选择当无业游民。闲逛之中发现北戴河的旅游很旺，他用仅有的积蓄买了两台冷饮机，一年下来赚了十几万，别人发现他赚钱很容易，于是一哄而上，他立即卖掉冷饮机改做录像厅生意，大赚一把后又转让了录像厅。1985年，他携百万资金赴日求学，此间获得了章光101在日本的独家经营权，他采用直销的方式掀起了一场抢购101的风暴，并且创造了新的数钱方式——用秤来称。又是在如日中天的时刻，李晓华卖掉了企业，把目光转向了香港。1989年，香港房地产市场剧烈震荡，许多人移民欧美，房价急跌，李晓华看准机会大量购买房地产，半年之内房价翻了数倍。他卖掉房产，等待新的机会。1991年他获悉马来西亚发现了一个大油田，消息还没有公布，于是他倾其所有买下了油田附近的地块，消息一公布，地价大涨，他又赚了数倍的利润。2002年，李晓华转战美国，进军生物制品行业……

李晓华的成功之路，本质上就是创新之路，他不断观察环境变化，业务也随之发生变化，在变中创新生财之道，每每在巅峰时刻转换经营，每每在创新之后，取得令人惊讶的成功。试想，如果李晓华墨守成规，而不顺时求变，现在可能是北戴河冷饮行业的“款爷”，也可能早被雨打风吹去。

要让时针走得准，必须控制好秒针的运行。

——海尔名言

战略与执行

洋洋百万言的《战略管理》是一本让企业在竞争中抢占先机、健康发展的谋略大全，它对企业生存、发展的全过程进行了高屋建瓴的论述。有人说它是企业决策者必读的《葵花宝典》。但是，企业高层真正能将这本大作从头至尾啃上一、两遍的并不多。为什么呢？翻开《战略管理》，大家看到的大多是枯燥无味的宏观环境分析、行业分析以及竞争对手分析，内容广博、论理深奥、语言严谨，读起来容易让人头晕。不过，倘若咬紧牙认真看看、仔细读读，则会发现，这本巨著其实就讲了三个内容：战略制定、战略实施、战略评估。当然，我们应当明白，这三方面内容浓缩了企业的谋略之道、经营之道、管理之道。战略制定是解决企业的方向、路线问题，描绘未来的美好蓝图，是企业的行动指南；战略实施则要解决如何将企业的战略思想付诸实施，如何把纸化的美丽蓝图变为现实的具体景观的问题，战略实施需要相应的行动计划，包括年度计划、资源配置计划、预算制定和绩效管理等；战略评估则是对企业理想构思与现实执行力的客观检测和理性评判，是企业执行战略的效果评价。

我们都知道战略的制定、实施、评估是一个完整的体系，环环相扣、缺一不可。从企业的实际情况来看，战略制定很重要，但战略实施则更关键、更具体、更复杂。因为战略实施的过程就是分阶段具体落实企业战略的过程。比如企业的近期目标、年度计划，它是战略实施的阶段任务。但是，严格意义上讲，近期目标和年度计划仅仅是战略规划的一次分解，在实际工作中要把年度目标和计划落到实处还要做大量艰苦而细致的工作。从宏观上的战略规划制定到微观上的具体计划的落实，跨度大、程序多、流程长，其中只要有一个环节出问题，战略的实施就会受影响。正因为如此，我们才发现很多企业战略规划做得非常漂亮，但最后企业发展并不理想。追本溯源，我们发现问题都不是出在战略制定上，而是实施的环节没有落实。可以这么说，战略管理的重心是规划，但关键是战略的实施；战略实施的核心则是目标的落实和计划的分解。目标和计划落实和分解到具体单位和责任人以后，还有三个最重要的环节：一是保证计划有效执行的具体措施；二是计划完成的时间进度；三是计划完成的质量跟踪检查机制。只有这三个环节的工作真正落到实处，战略才能落地、目标才能生根、计划才能结果。所以说，企业的发展和未来怎么样，不是看它制定战略的高度，而是看它执行战略的力度；执行战略的力度则主要看企业管理基础的强度和厚度，一个企业的管理基础和管理水平集中体现在工作的落实上。从某种意义上讲，落实是企业一切工作的出发点，也是一切管理工作的归宿。因此，我们认为，企业管理工作的本质就是落实。因为，无论多么伟大的战略、多么清晰的目标、多么完美的计划，如果没有切实可行的实施方案，没有可操作的具体措施，没有考核检查的有效方法，没有保证将其落到实处的管理体系，那么，企业的战略最终将是一纸空文，目标也只能是一句空话，管理就成了毫无意义的空谈。

抓工作落实是唯一能把长期战略和近期目标结合起来的有效途径，也是唯一能把战略目标变为现实的有效方法。千里之行始于足下，没有近期工作的落实和眼前目标的达成就走不到未来。在实际工作中，我们一定要牢记，企业战略管理归根到底是一种目标管理，只是它是一种长远目标，是一场企业发展的马拉松。战略实施过程就是尽一切努力解决前进和发展中的各种问题，不断向前迈进的过程。企业着眼于战略发展目标分解的过程，就是落实战略目标的过程，就是实现战略目标的过程，即目标分解——目标落实——目标达成，循环往复。在我们身边有很多企业虽然有远大的目标，但在具体实施时，由于缺乏严谨的实施计划和良好的执行机制，目标分解和执行中总以为"差不多"便可，结果是，由于执行的偏差，导致许多"差不多的计划"到最后一个环节已经是"照猫画虎"了，完美的战略规划在实施中大打折扣。甚至由于一个具体环节的疏忽，工作没有真正落实，最后对整个战略规划的实施造成重大影响。

1485年的波斯沃斯战役就是因为一个"具体的工作目标——产品质量标准没有落实"，导致"市场"全线崩溃，"公司"彻底破产的经典案例：经过长时间的战略谋划，国王理查三世决定和他的对手里奇蒙德·亨利伯爵决一死战，这场战役的输赢将决定由理查三世还是里奇蒙德·亨利伯爵统治英国。所有人都知道，这是一场决定国家命运的重大战役。

战斗进行的当天早上，理查要他的一个马夫去备好自己最喜欢的战马。马夫一检查，发现马掌松了，这是大事，马夫立即找到铁匠。

"快点给它钉掌，"马夫对铁匠说，"国王希望骑着它打头阵。"

"你得等等，"铁匠回答，"我前几天给国王全军的马都钉了掌，现在我得找点儿铁片来。"

"我等不及了！"马夫不耐烦地叫道，"敌人正在推进，战斗马上打响，我们必须在战场上迎击敌兵，有什么你就用什么吧。"

铁匠埋头干活，从一根铁条上弄下四个马掌，把它们砸平、整形，固定在马蹄上，然后开始钉钉子。钉了三个掌后，他发现没有钉子来钉第四个掌了。

"我需要一两个钉子，"他说，"得需要点儿时间砸出两个。"

"我告诉过你等不及了，"马夫急切地说，"我听见军号了，能不能凑合一下？”

“我能把马掌钉上，但是不能像其他几个那么牢实。”

“能不能挂住？”马夫问。

“应该能，”铁匠回答，“但我没把握。”

“好了，来不及啦，就这样，”马夫叫道，“快点，要不然国王会怪罪到咱们俩头上的。”

两军开始交战了，理查国王冲锋陷阵，鞭策士兵迎战敌人。“冲啊，冲啊！”他喊着，率领部队冲向敌阵。他像狮子一样率领士兵冲向敌人，可是还没走到一半，一只马掌掉了，战马跌翻在地，理查也被掀在地上。国王还没来得及再次抓住缰绳，惊恐的战马就跳起来逃走了。理查环顾四周，他的士兵们纷纷转身撤退，敌人的军队包围了上来。

他在空中挥舞宝剑，“马！”他喊道，“一匹马，我的国家倾覆就因为这一匹马。”

他没有马骑了，他的军队已经分崩离析，士兵们自顾不暇。不一会儿，敌军俘获了理查，战斗结束了。

从那时起，人们就说：

少了一个铁钉，

掉了一只马掌；

掉了一只马掌，

丢了一匹战马；

丢了一匹战马，

败了一场战役；

败了一场战役，

失了一个国家。

所有的失败都是因为少了一个马掌钉。

理查三世的悲剧已过去了 500 多年，但是类似的悲剧却在我们身边天天上演。很多企业关门、倒闭，并不是战略不清、目标不明，也不是技术问题，更不是市场原因，多数都是输在管理上，输在工作落实和执行的环节上。

无数的经验和教训告诉我们，企业的战略、目标、理念必须分配到日常的经营管理工作中去，在计划中反映、在措施中体现、在流程中沉淀、在工作现场看到、在行为习惯上表现、在制度中检验。作为企业的决策者和管理者应当永远记住海尔的管理名言："要让时针走得准，必须控制好秒针的运行。"

企业管理的本质就是落实，把企业的理念、战略、目标、计划落实到具体的工作中，落实到每个员工的行动中，落实到每一个环节和细节中，企业就能够快速、持续发展。

企业是一个有机整体，采用目标管理的方法进行整体经营，形成一个同频共振的管理体系，才能实现企业的效益目标。

——作者

效益与效率

办企业离不开效益，更直截了当地说，企业作为一个经济组织，它生存的前提就是要有效益，发展的基础就是要能赚取利润。正因为如此，每每到了岁末年初，企业的经营者都要根据上年的收成情况，考虑来年的播种计划。现在很多企业都在学习和应用目标管理的一些理念和方法，计划、目标、预算做得有章有法。仔细了解，多数企业的通行做法是：通过行业的增长预测把握宏观市场，通过客户的发展需求把握微观市场，由上而下，又由下而上制定总体销售目标。然后根据总体目标进行层层分解，落实到具体的客户和市场人员，在此基础上形成全年的预算。客观地讲，这样的目标和预算具有比较好的操作性。为什么呢？这样的计划方式较之拍脑袋定目标的计划方式是一种很大的进步。这种计划方式抓住了行业的发展趋势和客户的个性需求，计划的理性程度更高、准确性也更大。不过，我们在为这样的进步鼓掌的时候还不能满足，更要看到基于市场的计划和预算与真正的“目标管理”的差距，与“目标管理体系”的差距。目标管理体系有一个基本的概念，即年度目标和计划是企业发展战略的一个阶段性任务，是企业所有资源在特定时期与市场互动中的一个价值创造过程。说得通俗一点，年度经营目标是企业所有资产、资源和整体功能在最佳状态下，可创造价值的测算和计划。而基于行业、客户所做的计划，仅仅是年度计划的起始环节和重要内容，而不是“全部资源的输出”。经营企业是经营所有的资产和资源，因此，把市场的计划作为企业计划的管理还是比较粗放的管理，因为它还没有真正把“全面和整体”的概念融入经营管理的实际工作中，企业的整体效率和效益还没有充分释放出来。企业的研发、生产、市场、管理这四个模块必须围绕一个共同的目标高速运转，才能发挥最高效率，产生最大效益。

宏碁集团董事长施振荣讲过一个很生动的故事，说明了一个看似简单却很少有人明白的道理——企业怎么样通过提高资产的运营效率来创造价值。

施振荣三岁丧父，为了谋生，母亲卖过鸭蛋、文具，织过毛衣，甚至还摆过槟榔摊。施振荣曾经帮母亲在店里卖鸭蛋和文具。鸭蛋 3 元 1 斤，只能赚 3 角，差不多是 10%的利润，而且容易变质，没有及时卖出就会坏掉，造成经济上的损失。相比之下，文具的利润高，做 10 元的生意至少可以赚 4 元，利润超过 40%，而且文具摆着不会坏。看起来卖文具比卖鸭蛋赚得多，但实际上不是这么回事。鸭蛋利润薄，但最多两天就能周转一次；文具利润高，有时半年都卖不掉，不但积压成本，而且利润早被利息吃光了。鸭蛋利润虽然薄，但是快进快出，销量大，所以利润远远高于文具。宏碁“薄利多销模式”就是起源于鸭蛋和文具的启示。

鸭蛋和文具的启示告诉我们，销售计划必须细化到每一个产品的毛利率、每一个客户的账期。实际的经营管理过程往往比理论上的概念复杂得多，比如大客户，有优质的、有一般的、有劣质的，那种把价格压得很低、账期拉得很长的大客户，其实是企业的大克星、大陷阱；有的大客户价格可以，可账期很长，你和他做得越大，资金占用越大，他在用你的钱发展。算上资金成本，根本无利可言；真正的优质客户无所谓大小，只要符合两点就行：价格理想、回款及时。销售计划出来后，采购部门还要根据原材料的价格趋势做出测算，对价格变化大的原料要和市场体系去沟通，对销售计划做出调整。生产部门根据销售计划对产能和库存作出计划，要从产量、质量、成本多个角度去回应市场的计划。而财务部门、人力资源管理部门对整个销售计划、采购计划、生产计划完成的资金需求、人力资源需求、人工成本、财务费用等做出预测。最后，运营部门还要对整体计划进行评估调整，决策部门要对价格策略、信用政策等做出基于全局的考虑。总之，只有把企业所有资源整合起来，围绕一个共同的目标，形成一个同频共振的管理体系，才能让企业的资源实现最佳组合、发挥最大的效能，我们才能为企业创造最好的效益和最大的价值。

企业经营者的天职就是提高资产的运营效率，最大限度地创造价值。而提高资产运营效率的不二法门就是：打破部门壁垒，改变各自为政、闭门造车的恶习，企业总体一盘棋，统一目标、全面计划、全面预算、全面考核，纵向到底、横向到边，人人参与、不留空隙，充分发挥企业整体资源的共振效力，不断增强企业的整体竞争力和价值创造力。只有这样，我们才能在市场中有所作为，才能让企业有高的效率、好的效益。

产品经营是加减法，资本经营是乘除法，两者相互补充，相得益彰。

——作者

企业的加减乘除

企业千姿百态，从表面看就像森林里的树叶一样，哪怕是同树同枝，也绝难找到完全相同的两片叶子。但是从本质上看，千姿百态的企业都在进行着同样的加减乘除。说直白一点，企业在进行着两种经营——产品经营和资本经营。产品经营就是做加法和减法，资本经营是做乘法和除法。

那么何为产品经营呢？用最通俗的话来说就是，自己拿点钱，再借点钱，建造或者租个厂房，招工人、买原料，搞生产、做销售。企业通过这种方式积累财富，用企业赚取的利润不断去扩张发展，这就是产品经营。

资本经营是产品经营发展到一定阶段的内在要求和高级形式。资本经营就是利用市场法则，通过资本本身的技巧性运作或资本的科学运动，实现企业的价值增值、效益增长的一种经营方式。比如，发行股票、发行债券、转让股权、企业并购等。说得更简单一点，资本经营不是通过买卖产品创造价值，而是通过买卖企业和企业的资产的方式获取回报。资本经营直接的和最终的目的是取得投资回报，而不考虑经营标的物的实物形态。产品经营则是通过特定实物形态的产品占领市场，通过产品销售取得回报。资本经营是利用企业的一切资源在更加开放和广阔的空间里发展。这种超常规的经营方式有四个方面的功能：一是集中资本的功能，把分散在社会公众手中的闲置资金转化为生产建设资金；二是优化资源配置的功能，利用市场机制，有效地调整生产资本结构，重新配置资源，满足社会需求，减少物质资本在生产转换过程中的浪费，实现集约化经营；三是调整产业、产品结构的功能，促进社会资源在不同行业和企业间的合理分配，使有限的资本最大限度地为社会生产服务；四是培育大型现代化企业的功能，促使企业充分利用资源，摆脱生产规模和市场分割的约束，实现最有效率的发展。为了进一步了解并认知这两种不同的经营方式对企业发展的影响，我们还是看一看具体的案例吧。

李嘉诚起初只是一个钟表店的小工，靠聪明和勤奋慢慢积蓄了一点本钱。1950年开始创立长江塑胶厂，这个得到上天垂青的小伙子在产品经营的路上一直走得非常顺利。1958年涉足地产，尤其是在20世纪60年代末、70年代初，他抓住地价暴跌的千载良机，大量吃进地皮，后来地价升值，大赚了一笔。1978年，李嘉诚的身价已达7亿港元。作为一个实业经营者，能够不断做加法，持续盈利，这样的业绩已经相当不错了。不过李嘉诚似乎并不满足于这样的成长速度，1978年后，他将发展的列车驶入了资本经营的快车道。李嘉诚通过出售香港九龙仓股票，购买和记黄埔股票，收购电灯集团等一系列资本运作，使企业的成长从“加法”变成了“乘法”，资产增长的速度令人惊叹，到1996年，李嘉诚的身价达到了3 250亿港元。也就是说通过资本市场，他18年间创造的财富是过去28年创造财富总和的465倍。换言之，按照过去产品经营积累财富的速度，李嘉诚要创造3 250亿资产大约需要13 000年。不算不知道，一算吓一跳，资本经营能创造的神话，确实是产品经营没法想象的。李嘉诚的故事能给世人一些启示，也让我们大开眼界。然而更有意思的是，长江后浪推前浪，李泽楷在资本市场上的突出表现，则让他老爸李嘉诚也大吃一惊，更让世人目瞪口呆。李泽楷入道没几年，在父亲的眼里还是个乳臭未干的小孩子，可就是这个毛头小子，通过收购一家濒临退市的上市公司——“信得佳”的股份，创造了一个资本市场上的经典案例。香港人至今仍记忆犹新，1999年5月4日股市一开盘，“信得佳”股价直冲云天，5分钟内翻了22倍，李泽楷获利上千亿。李嘉诚用了四十年的时间积累了上千亿资产，而李泽楷5分钟就跨越了这一历史长河。难怪香港人戏言：“老李干一辈子，不如小李干一下子。”

不过历史翻到2000年，命运又给李泽楷开了一个玩笑：曾经把李泽楷推向“超人”云端的香港电讯盈科，在股价高攀直达127元的巅峰后，急转直下，一路狂跌到5元左右，李泽楷回天乏力，硬抗5年后，于2006年将电讯盈科23%的控股股权作价92亿港元，出售给投资银行家梁伯韬。“小超人”在资本市场上演出了一幕新的“霸王别姬”。

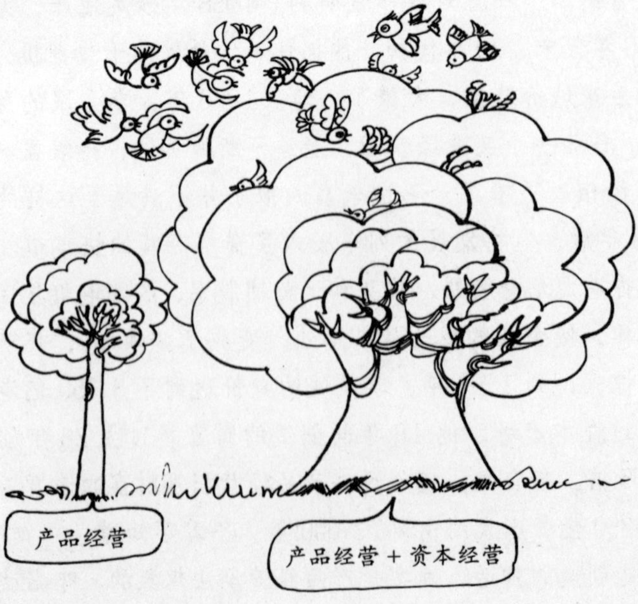

企业的加减乘除没有好坏优劣之分，适合企业发展的就是好的，企业能把风险控制到最小，收益做到最大化就是成功的。正如前文所述，资本经营是产品经营的高级形式，但是，一个健康的、长立于世的企业，永远不能丢掉产品经营的基础建设。如果把资本经营比作艳丽的花，那产品经营则是花的根。最优秀的企业一定要做到：根深、杆壮、枝繁、叶茂、花红。

太阳可谓强大，因为漫射而弱化；激光弱小，由于凝聚而无坚不摧。企业通过战略目标整合资源，方可到达胜利的彼岸。

——作者

战略导向希望

唐太宗贞观年间，长安城西的一个磨坊里，有一匹马和一头驴，它们是好朋友。马在外面拉东西，驴在屋里推磨。贞观三年，这匹马被玄奘大师选中，出发经西域前往印度取经。17年后，这匹马驮着佛经回到长安。它重回磨坊会见它的朋友驴子。老马谈起这次旅途的经历：浩瀚无边的沙漠、高耸入云的山岭、凌峰的冰雪、大海的波澜……那些神话般的境界让驴子听了大为惊叹："你有多么丰富的见闻啊！那么遥远的道路，我连想都不敢想。"老马说："其实，我们跨过的距离大体相等，当我向西域前进的时候，你一步也没有停止过，不同的是我和玄奘大师有一个遥远的目标，按照始终如一的方向前进，所以我们打开了一个广阔的世界。而你被蒙住了眼睛，一生就围着磨盘打转，所以永远也走不出这个狭隘的天地。”

这则故事给了我们积极有益的启迪：在日常生活中，如果我们面对自己正在走的路，没有明确的方向和目标，那只有两个结果：一是原地转圈；二是瞎猫乱撞。对于一个单位、一个企业也是如此。小而言之，工作要有计划，大而言之，发展要有愿景和战略规划。许多企业由于受到其自身发展的历史和基础的制约，从来就没有制定过战略，有的连计划都没有，就靠老板对市场的经验和理解做决策，企业从小做大。这类企业存在着共同问题：在整个企业的管理体系中，战略管理被忽视，目标管理处于形式。在管理学上，把这种以企业领导人个人的感觉来引导企业发展的方式称为机会导向型。

机会导向型的发展完全受机会的驱动，有什么机会做什么业务，不是根据外部市场环境、竞争对手、行业现状和前景、自身核心能力和条件来决定是否进入某一行业或拓展某项业务。这类企业共同的特点是：什么赚钱做什么，赚一笔是一笔。做什么项目，进入哪一个领域是不做任何论证的，也不作调查，老板拍板就 OK。

正因为如此，企业从上到下都没有长远目标，员工也没成就感和事业心。而另一种与此相反的类型是战略导向型。它是以战略目标为企业的发展方向，不受眼前赚钱机会的诱惑。在进入某一行业或某项业务之前，对这个行业和业务进行了透彻的研究，对市场的现状和前景作了准确的评价，对自身能力和约束条件进行了有条理的分析，对新业务与现有主营业务间的协同效应作了充分的论证，在此基础上作出理性的和最优的选择。

客观地讲，企业在初创时期是要靠捕捉市场机会，形成自己的竞争力，占领市场、扩大业务。当企业有了一定的业务基础和一定数量的赢利之后，就出现两种分化：一种是按照过去的惯性思维，捕捉机会，大胆投资。但我们一定要明白，这不是战略投资，也不是长远发展的最佳选择。这种机会导向型的投资方式失败的概率极大。另一种选择是不断巩固和延伸已经形成了一定基础的核心业务的竞争能力。特别是在主营业务发展减速时，也不能轻易地进行主营业务转型，而是要认真分析影响主营业务下降的因素。此时可以反思如下问题：一是外部环境是否发生了巨大的变化；二是竞争者是否有了新的优势；三是自身对主业的投入是否充足；四是自身的组织架构和运营体系是否适应业务的发展，是否及时作了调整；五是市场的自然增长是否放慢或已达到了饱和。分析清楚这些因素后，才可决定是否进行主营业务的转型和新业务的拓展。总之，企业对自己的战略目标要有坚持到底的精神，对自己熟悉的业务，不能轻易放弃。因为任何一个行业都有高峰与低谷，如果起步时就确定了目标，就应当坚定不移地走下去，最美的风光就在风雨后。

愿景是彼岸的希望之光，战略规划是引导企业不断提升自身优势，快速驶向彼岸的导航器，而计划则是航船的行程安排和时间表。以战略为导向并通过绩效管理，把战略落到实处，企业才能健康持续地发展。

物理学家阿尔里斯告诉我们太阳和激光的秘密：太阳是一种以数亿千瓦来计量的强能源，由于其普照大地而很容易被遮蔽；而激光是以几瓦来计量的弱能源，当集中于一束连续的光柱中，可以达到无坚不摧的效果。

正确的企业战略加上切实可行的目标和计划就是无坚不摧的激光。

天上的苍鹰，不如手中的麻雀。巨额的应收账款，不如稳定的现金流量。资金链断裂是企业经营的最大风险。

——作者

老鹰与麻雀

我们都知道，企业是一个赢利组织，企业的天职就是创造财富，赚取利润，谋求发展。不赚钱的企业只能是浪费资源、制造失业、生产泪水。因此，利润最大化是企业的第一目标，是持续经营、扩张发展、基业长青的基石。但是，一个企业是不是真正“体格健壮”，利润仅仅是关键指标中的一项。

君不见，有的企业销售做得红红火火，利润指标也相当可观，可一不留神竟然关门大吉了。造成这种结果的主要原因是现金流量出了问题。现金是企业的“血液”，“血液”供应不上，企业“肌肉”再发达，“五脏六腑”再健康，其生命照样难以为继。企业的经销方式分为现款现货和赊销。但从财务角度讲，销售一旦实现，按照权责发生制原则，哪怕全是应收账款，经营的利润仍然反映在损益表上。如果市场人员不重视回款，如果经营者不高度关注现金流量表，而只去欣赏销售和利润指标的可爱数字，那企业就可能掉进铺满鲜花的陷阱。

作为市场人员和经营管理者，应对销售指标、利润指标、货款回笼指标有理性的认识：企业的销售上不去，企业的发展就成了一句空话；企业销售不能赚钱甚至亏损，那是在“卖祖宗的宅基地”；销售出去了，钱收不回来，那是把企业推向关门的绝壁。我们在努力工作的同时，必须有全局观念，必须有风险意识，不能盲目瞎干，制造风险和危机。在销售、利润、回款三个指标中，回款成为潜伏在林中的睡狮，如果没有完善的制度和强有力的措施，危险性非常大。凡是优秀的企业，对应收账款的风险控制都有很多成功的经验。概括起来讲就是，抓住三个环节，化解经营风险：①事前控制——强化客户资信管理。客户既是企业的财富来源，也是企业的风险来源。因此，在交易之前对客户信用信息的收集和评估，具有非常重要的作用。尤其是销售高速增长的时候，更要把握住风险。风险控制不住，宁肯把速度降下来，头脑绝不能发热。②事中控制——严格执行赊销业务管理制度。企业在交易过程中产生的信用风险，大多是销售管理上缺少规范和控制造成的。因此，对客户的赊销额度和期限的控制一点也不能放松。同时，企业必须建立与客户直接的信用关系，实施直接管理，改变单纯依赖销售人员“间接管理”的状况。③事后控制——完善应收账款监控制度。要形成系统和科学的制度化管理，通过对应收账款总量控制、账龄监控与货款回收管理等把应收账款的风险降到最低。

有一句谚语：天上的苍鹰，不如手中的麻雀。苍鹰翱翔于天空之中，可能落到你手中成为一顿美餐；麻雀握在你手中，食之不足以果腹。但是，苍鹰是我们控制之外的或有资产，可能得到也可能得不到，而麻雀是在掌握之中的实有资产，虽然不足以果腹，但可以维持你的生命。企业经营要扎扎实实，尽量减少不确定性，放弃华而不实的赊销，把握实实在在的利润，这样才能把经营的主动权掌握在自己手中，规避“断炊”造成的生存隐患。

想抓我？笑话！
天上的鹰不如手中的麻雀。
对！只有自己能控制的才没有风险！

春的播种缘于秋的企盼。着眼于未来，谋划于现在——用逆推法制订计划是一个值得推广的经验。

——作者

一年之计在于秋

俗话说：“一年之计在于春，一日之计在于晨。”是啊，冬去春来，万物复苏，“农夫策牛翻新泥，播下春光和希望”。但是春天播什么？怎么播？播多少？这些至关重要的决策事项，真的“计”于春天吗？“细问农家桑麻事，笑言秋风才晓知。”这是说当秋天瓜熟蒂落、稻麦飘香之时，精明的农家一边在摘取和储藏成果，一边在计算投入与产出的真正收益，也就是人们常说的“秋后算账”。秋后算账既要做好一年耕耘的总结，又要根据产品的销售情况去预测市场，并在此基础上定出来年的播种计划。因此，秋天是一年中最重要的季节。严格意义上讲，一年之始在于春，一年之计在于秋。因为只有在秋天你制订了详尽的年度经营、管理、工作计划，并把计划分解、落实到日、周、月、季，才有可能让目标成为现实，从而获取丰收的喜悦。下面让我们分享一个小故事，帮助大家加深对计划重要性的理解和认识：

1976年的冬天，一个名叫迈克尔的年轻人刚刚19岁，在休斯敦大学主修电脑专业。他是一个狂热的音乐爱好者，同时也具有一副天生的好嗓子，对他来说，成为一个音乐家是他一生中最大的目标。因此，只要有多余的一分钟，他也要把它用在音乐创作上。

迈克尔知道写歌词不是自己的专长，所以他又找了一个名叫凡内芮的年轻人来合作。凡内芮了解迈克尔对音乐的执著。然而，面对那遥远的音乐界及整个陌生的美国唱片市场，他们一点渠道都没有。

在一次闲聊中，凡内芮突然从嘴里冒出了一句话："想象一下你五年后在做什么？"迈克尔还来不及回答，凡内芮又抢着说："别急，你先仔细想想，完全想好，确定了再告诉我。"

迈克尔沉思了几分钟，非常认真地说："第一，五年后，我希望能有一张唱片在市场上，而这张唱片很受欢迎，可以得到大家的肯定；第二，五年后，我要住在一个有很多很多音乐的地方，能天天与一些世界一流的音乐家一起工作。"

凡内芮听完后说："好，既然你已经确定了，我们就把这个目标倒过来看。如果第五年，你有一张唱片在市场上，那么你的第四年一定是要跟一家唱片公司签上合约。

那么你的第三年一定是要有一部完整的作品，可以拿给很多很多的唱片公司听，对不对？

那么你的第二年，一定是要有很棒的作品开始录音。

那么你的第一年，就一定是要让你所有要准备录音的作品全部编曲，排练好。

那么你的第六个月，就是要把那些没有完成的作品修饰好，然后让你自己可以一一筛选。

那么你的第一个月，就是要把目前这几首曲子完工。

那么你的第一个礼拜，就是要先列出一个清单，排出哪些曲子需要修改，哪些需要完工。"

凡内芮一口气说完了上述的这些话，停顿了一下，然后接着说："你看，一个完整的计划已经有了，现在你所要做的，就是按照这个计划去认真地准备每一步，一项一项地去完成，这样到了第五年，你的目标就实现了。"

说来也奇怪，恰好是在五年后，即1982年，迈克尔的唱片开始在北美畅销起来，他一天二十四小时几乎都忙着与一些顶尖的音乐高手一起工作。

迈克尔达成目标的关键是五年的详细计划和严格的计划落实。对于企业来讲，目标、计划和措施是走向成功的重要因素。而在秋天应进行回顾和总结，尤其是对上年目标计划的完成情况也要做具体、客观的分析：新产品开发的速度及与市场的适应性如何？产品生产的稳定性及成本控制是否达到最佳状态？管理的协调、控制、服务能力能否适应企业发展的需要？有什么好的经验？有什么值得牢记的教训？存在什么问题？只有在秋天对这一年的工作进行全面、系统、客观、真实的回顾评估，才能找到未来的工作思路，才能根据上一年的市场行情，预测下一年的风云变化，从而发现新的商业机会，防范潜在的经营风险，才能提出新一年的工作计划，才能充满信心在来年的春天里撒播希望的种子。

一年一度秋风劲，今年天高气更爽。面对这硕果累累的醉人美景，我们一方面要不失时机地做好收割、储藏和运输工作，确保劳动的成果颗粒归仓。同时对一年的工作要进行全面的盘点。总结使人进步，温故才能知新。但是总结不能被经验牵着走，温故也不能被成功遮住眼。只有横看纵比找出差距，那才是真正前进的阶梯。明年的春天怎么干？不能等、不能看，也不能重演昨天的故事，因为世界是瞬息万变的，只有以变应变，大胆探索、不断创新才能驾驭机遇的骏马，才能为明年的秋天献上一份厚礼。

一年之计在于秋，秋天正在你脚下。

人贵有自知之明。自知之“贵”缘于稀有，知易行难。洞察自我，为所可为，抵御诱惑，勇于放弃，此乃成功之道也。

——作者

自知之明

2004年，全球第一CEO——前GE掌门人杰克·韦尔奇来京与中国企业界的精英们“华山论剑”。高人云集，自是上谈天道，下论地理，从全球经济到企业战略，从收购兼并到产业整合。GE的辉煌业绩、韦尔奇的传奇生涯，都令与会者按捺不住一个愿望——掏出大师成功的秘诀，为企业排忧解难。

TCL董事长李东生，由于收购汤姆逊彩电业务而元气大伤，面对大师时一脸恳切：“如何让汤姆逊扭亏为盈？”有趣的是，TCL收购的汤姆逊彩电业务正是14年前韦尔奇所出售的。杰克·韦尔奇非常认真地答道：“我当时因为赚不了钱才把它卖掉，所以我今天也没有任何方法让你的这个业务再赚钱。”

韦尔奇的回答是真诚的，韦尔奇的真诚是伟大的。一个被全球顶礼膜拜的管理巨人，能够清醒认知自己的不能已属难能可贵，在万众面前能坦言自己的无能更需要勇气。其实仔细分析韦尔奇，其执掌GE取得成功的关键因素之一就是“自知和诚实”。他的战略目标非常清楚，每个项目都要做全球第一、第二。他的战术非常独特，做不到第一、第二就卖掉。勇于承认自己在某些方面的差距和无能，从而更好地扬长避短，发挥自身最大的优势，这就是韦尔奇通向成功的秘诀之一。

GE这只大象能跳舞，从某种意义上讲，确实得益于韦尔奇的自知之明。如果他老人家认为自己无所不能，具有化腐朽为神奇的能力，死心塌地抱着所有项目，不达目的绝不罢手，GE的历史肯定要重新书写。企业的资源是有限的，高人的能力也是有限的，而五彩缤纷的世界让你每一分钟都面对机会、面对诱惑、面对陷阱、面对选择。如果一个企业的领导和管理者不能客观认识自己，评估自己，必然会犯决策上的错误。古人云：“天欲其亡，必令其狂。”当前，中国盲目构建多元化发展的企业，但没有一个成功的；盲目想做强做大的，大都陷入困境。为什么？几乎都有一个共同的问题——缺乏自知之明。种出了一片树林，就以为自己有能力让沙漠也变成绿洲。昨天的成功只是在昨天的背景下，明天的创造只有面对明天的市场。讨论至此，让我们去看一看寓言故事中的一只聪明的驴子吧：

有一天驴子背盐过河，不小心滑了一跤，跌倒在水里，盐遇水很快溶化了。驴子站起来时，觉得好轻松，一跤摔得好高兴。第二天，驴子背白糖又过那河，故意摔跤，白糖遇水也溶化了，驴子轻松得跑起来，兴奋得跳起来：“从此俺有了轻松干活的好办法啦。”第三天，驴子背着棉被经过那条河时，迫不及待地自己倒在河中，可是这一次它突然觉得棉被像山一样沉重。那棉被吸足了水，真像山一样压在驴子背上，它挣扎了半天却再也没有站起来。

驴子的故事给我们一个深刻的启示：经验是宝贵的财富，但经验主义则是祸害之源。我们身边的很多人，太容易把昨天的成功当回事，其实企业的成功案例和经验，没有一个是可以照搬的。因为市场瞬息万变，拿着昨天的旧船票，根本不可能登上高速航行的快船。世界是变化发展的，万事万物时时刻刻都在变化。条件变了，环境不一样了，我们采取的方法也应该随之改变。没有哪一把钥匙能打开所有的锁，人一旦认为自己无所不能，那离见上帝的日子就不远了。我们再看一看韦尔奇收购基德公司的案例：

1986年4月，当通用电气资本（GE Caital）完成对华尔街最老的金融投资公司之一的基德公司（Kidder peabody）的收购之后，花旗银行董事长里斯顿等取笑杰克·韦尔奇说："我的天哪，你还要干什么，把麦当劳买下来吗？"并提醒说："人才天天都在坐电梯，上上下下的，一转眼就会跑，你买下的不过是堆家具。"

此话在8个月后开始应验。韦尔奇发现自己卷入了一场震动华尔街的丑闻中。

基德公司高级职员的非法交易令GE支付2 600万美元的罚金，且面临着被吊销营业执照和关门的危险。虽然非法交易发生在GE收购基德公司之前，但是作为新主人，GE却被迫承担法律责任。第二年，基德公司又因股市崩盘而亏损7 200万美元，5 000名员工中的4 000人不得不走人，直到1991年，基德公司才恢复元气，并被GE在2000年出售。

其时韦尔奇坚持收购基德的理由很简单——想让GE资本进入分销渠道，而不必再向其他投资银行支付昂贵的中价费用，韦尔奇愧疚地回忆道："1986年4月，我在堪萨斯城的一次董事会上据理力争，最后博得了大家的一致首肯。这是狂妄自大的典型表现。自1985年成功收购RCA、1984年成功收购安裕再保险公司（Employers Reinsurance）后，我有点收不住了。说实话，我已经目中无人。在公司收购前，我认为没有自己办不好的事情。"

收购基德公司的沉重失败，让韦尔奇认识到自己的"无能"：管理一家真正的金融企业和管理一家工业在本质上是完全不同的。他说："自信与自负之间仅一步之遥。这一次，自负占了上风，给我上了一堂终身难忘的课。"

上帝不是万能的，更何况人呢。我们必须放弃英雄主义情结，面向未来要有一种归零心态和自省意识。昨天已成历史，一切从头开始；同时要不时问自己："我是谁？我有几斤几两？我能干这事吗？"不行，就拉倒吧。连韦尔奇都有不能为之事，我们当然更要理智和小心。

"华山论剑"韦尔奇没有留下任何"武功秘笈"，但坦露了他的修炼原理——有所不为，才能有所为，勇于承认自己的不足，才能有所止。如果放不下昨天的辉煌，背着沉重的精神包袱，就必然会为一些毫无价值、本该淘汰的项目苦苦挣扎，不仅浪费资源、浪费人才、浪费时间，还有可能把自己的优质企业拖垮。

企业的发展之路就是扬弃之路，收获金子，扔掉沙子。

好的思维能凝练出好的管理理念，好的理念能创造出好的管理方法，好的方法能产生好的管理，好的管理能结出好的果实。

——作者

管理与思维

什么是管理？有人说管理是一门科学，有人说管理是一种技术，有人说管理是一些技巧，有人说管理是综合的艺术——翻开一百本管理教科书，对“管理”定义有一百种不同的描述。但是仔细研究、对比分析就会发现，阳光之下无新事、管理之中无新理。对管理的表述表面上众说纷纭，实质上大同小异。不同企业实施管理的目的是相同的，就是要招呼大家把事情做好。管理的最高境界是公认的，就是老子告诫的“无为而治”。所谓“人尽其才，物尽其用，时尽其效”、“最大限度地解放生产力，最低的成本创造最高的效益”……这些都是管理者共同追求的目标。但是在日常的经营管理工作中，由于对管理的理解不同，管理的方法不同，管理的效果千差万别。

好的思维能凝练出好的管理理念，好的理念能创造出好的管理方法，好的方法能产生好的管理，好的管理能结出好的果实。归根到底管理是源于思维的，思维是管理的根，理念是管理的杆，方法是管理的枝，效益是管理的果。那么什么是“思维”呢？思就是想，想做什么？想创办一个什么样的企业？维就是序，有秩序地思索、思考：应当进入哪一个行业？应当从哪里出发？是造船出海？还是借船出海？如果“思”是明确了“做什么和去哪里”，那么“维”就是要解决“怎么做和怎么去”的问题。通过理性的思考清晰目标、明确路径的过程就是思维。比如什么是管理：“根据一定的原理，运用一定的方法，对人、财、物、信息等资源进行合理分配，以达到预期经营目标的过程。”而根据什么样的原理呢？仁者见仁，智者见智。如果把人当成机器人，那就采用大棒原理；把人当成经济人，那就推崇金钱万能原理；把人当成社会人，那就要注重人的需求满足原理；把人当成主人和自己人，那就要体现亲情管理原理。推行股权激励计划，让耕者有其田，工者有其股。这就涉及管理的杆——理念问题。由此类推不同的理念产生不同的方法，如独裁型的、魅力型的、组织型的、混合型的。各种方法本身没有什么好坏之分，适合的就是最好的，但是管理是一个动态的过程，企业所处的阶段和规模不同，管理的方式也就不同。小企业可以一人打天下，上规模的企业就必须清晰管理流程，明确职责权限。上市公司“三会”必须规范运作，各司其职，各负其责。中型以上企业三层管理必须清晰，即：

领导层　管理层　操作层

领导者　管理者　操作者

战略层　策略层　战术层

各层次上的人员只有找准了自己的位置，明确了自己的任务，才能各尽所能去实现企业的总目标。否则就会降低管理的效率，浪费企业的资源，错过发展的机会。所以说办企业必须以管理为基础，而管理又以“思维”为灵魂。

《泾野子·内篇》有一个故事可以帮助我们理解什么叫做管理：

一西邻人，生有五子，却有三个残疾：长子老实、次子聪明、三子目盲、四子背驼、五子脚跛。一般的家庭遇到这种情况，必是苦不堪言——它的人力资源状况太差了，与那些健康的家庭比，不是被急死气死，就是被饿死。可西邻人用创新的方式思考问题、配置资源。结果他们一家比周围的人家都生活的好。

长子老实，西邻人便让其务农，老实人总是不误农时，年年丰收；次子聪明，让其经商，经营有术财源广进；三子目盲，学习按摩卜卦，收益颇多；四子背驼，让其搓绳子，胜过常人；五子脚跛，让其纺线，一点也不误事。西邻人由于能短中见长，以长避短，所以让五子各展其长、各得其所，将现有资源的优势和潜力充分发挥，因而能够“不患于食，且乐”。

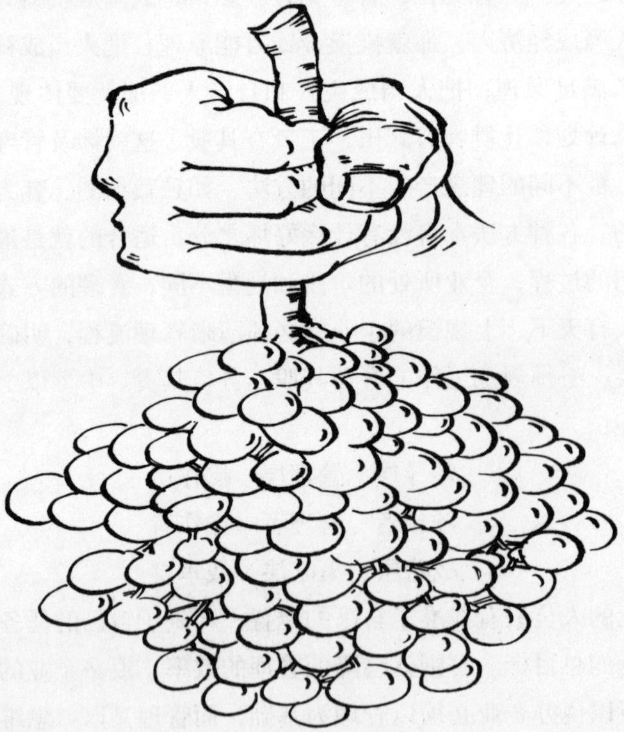

西邻人对有限资源的合理开发和充分利用，为企业管理者提供了一种富于创造性的思维方式。与西邻人相比，我们不难发现自己在“管理”上的差异与差距。

只有好的思维之根，才能结出好的效益之果。

决策是企业的命门，信息是决策的眼睛。在激烈的市场竞争中，信息化为企业管理插上了翅膀。

——作者

管理的翅膀

20世纪50年代初，美国政府就发动朝鲜战争中国是否会出兵的问题展开了反复的讨论。讨论的结果认为中华人民共和国刚刚成立，百废待兴，自顾不暇，不会也不敢出兵。当时，欧洲德林公司也围绕着“美国出兵朝鲜，中国将持何种态度”这一课题进行了研究。该公司倾其所有，甚至不惜亏本倒闭的风险，投入巨资，经过大量的数据收集和分析，他们得出非常清晰的研究成果：“美国出兵朝鲜，中国必定出兵；中国出兵，美国必败。”结论寥寥数语，报告却长达380页。就在美国政府发动朝鲜战争前8天，德林公司打算把自己的研究成果以500万美元的价格（相当于当时一架战斗机的钱）卖给美国对华政策研究室。美国政府认为价格过高，交易没有做成。

几天以后，美国军队怀着必胜的信念出兵朝鲜，用三年的时间，以数万士兵的生命和800亿美元的惨重代价，验证了德林公司的信息分析非常精准。战争结束后，美国政府以300万美元买下德林公司的研究成果。美军侵朝司令麦克阿瑟谈起这件事时痛苦万分地说："我们最大的失策是，舍得几百亿美元和数十万军人的生命，却吝惜一架战斗机的代价。"据说，德林公司通过对中、美两国政治、经济、军事、文化和领导人风格等信息的综合分析，得出了相当严谨和科学的战略预测。如果战前美国拿到这份报告，也许这段历史将被重写。

由此可见，信息是何等的重要啊！谁能及时获得最新、最准、最全的信息，谁将拥有成功的把握。在市场化高度发达的今天，信息在一定程度上决定着企业的生死存亡。在信息化的时代，企业不能驾驭信息，就不能驾驭自己的命运。在我们身边有很多企业，从创业到现在，走过了一条逐步发展壮大的成功之路——从小到大、从单一产品到多项目经营、从一个公司到多个公司、从项目经营到事业部管理模式。随着规模的扩张和管理边界的延伸，企业的信息集成和反应速度已不能适应高速发展的需求。同时企业昨天形成的一套成功经验和营运模式不与时俱进、不及时根据新的市场环境进行提升和创新，也会逐步失去竞争优势。因此，不少企业把管理的提升和发展希望放在了企业资源计划 ERP（Enterprise Resource Planning）上，企业信息化既是外部竞争形势的必然选择，更是企业生存、发展的内在需求。

毋庸置疑，没有被信息化武装起来的企业要在激烈的竞争中立足是难以想象的。ERP 是企业的一种管理思想和管理理念，它是在经历了 MRP 及 MRPⅡ而发展起来的。它是一种面向企业供应链的管理思想，是对企业资源（包括物流、资金流、信息流）进行全面集成的管理，是建立在现代信息技术基础之上，充分利用了企业内部和外部市场资源为产品制造和优质服务提供最优秀的解决方案。它融合了离散生产与流程性生产的特点，扩大了管理范围，使得业务的开展更加的灵活，适时地适应市场需求，从而为企业提供决策、计划、控制与经营业绩评估等全方位的管理平台。

但是，在具体实施过程中也存在着很多问题，主要是对 ERP 的认识与使用上普遍存在神秘化和急功近利的倾向：一种观点认为，ERP 一实施所有管理问题都解决了；还有一种观点认为，这是一种工具，只要会用了，效益马上就出来了。其实，ERP 的实施不是简单的拷贝或套用，也不是一朝一夕就能完成的，应该从实际出发树立起先进管理的理念，结合企业自身的特点，用先进的管理理念和管理方法去构建企业的资源计划。ERP 是一项系统工程，是企业业务经营与先进的管理思想和信息技术相融合的管理革命。企业要通过 ERP 的先进管理思想和管理理念进行一系列的变革，才能建立新的管理体系。从某种程度上说，ERP 是一场管理思维的革命，也是一项复杂的系统工程，需要调整企业组织结构、调整内部分工体系、减少中间管理层次，从而实现对业务和管理流程的重新梳理和再造。因此，没有企业各级领导的高度重视，没有全体员工的广泛认同和积极参与，没有职能管理部门的主动需求和积极拉动，是很难达到预期目标的。我们都知道，一粒种子，只有在适宜的环境中才能生根、发芽、开花、结果。应用ERP也同样需要一个适宜的环境。这里的环境，一是指企业自身要有良好的管理机制和管理基础；二是企业领导和员工都应当充分认识到，ERP是企业降低成本的重要举措，是增强企业应变能力的必要条件，是解决数据真实准确的可靠工具，是加强经营管理的有效手段，是实现组织机构扁平化、提高机构管理效率的有效途径。总的来说，实施ERP不仅将带来企业管理模式、经营方式的变革，带来管理思想、经营理念的革命，同时，对经营者、管理者和普通员工也将提出新的、更高的要求。

企业的管理体制创新、经营模式创新必须与先进的信息技术和管理理念相结合，才能实现历史性的跨越。在日趋激烈的市场竞争中，企业为适应市场需求和市场竞争而进行的管理革命，越来越离不开信息化的支撑。作为企业的每一位员工都应当张开双臂去迎接这种管理的变革和革命。因为只有每一位员工的全力支持和参与，才是企业成功的基础和保障，也只有大家满腔热情地投入，我们才能和企业一起进步、一起发展、一起去享受成功的喜悦。

信息化是企业管理的翅膀，谁能真正拥有并掌握这一先进的工具，谁就如虎添翼，所向披靡……

心态决定事态，思路决定出路。成功是干出来的，也是想出来的。用系统思维来分析问题、通盘谋划、协同配合，是走向成功的必要条件。

——作者

思路决定出路

俗话说："屁股指挥脑袋。"具体工作中，本位主义不仅仅产生矛盾，而且在一定程度上影响了企业的发展。和市场部门的朋友在一起聊天，销售不顺时大家抱怨最多的是产品："价格高、质量不稳定，新产品太少、拳头产品不多。哎，市场难做呀。"和生产部门的朋友聊天则是另外的观点："我们的产品质量稳定，性价比优势明显，只是新产品开发速度慢，对市场支持不够。"和研发部门的朋友在一起，又是另一种说法："我们新产品开发速度非常快。关键是面对新的市场怎么做好营销策划。"其实任何企业生产与市场，市场与研发的矛盾都是永恒的——对立、统一。但是在这一对矛盾体中，市场处于主导地位。优秀的市场主管都是坚持两手抓：一是就现实的产品如何做好营销策略，扎扎实实做好销售。二是根据市场走向，提出新产品开发计划和价格建议方案，提高企业未来的竞争力。总的来讲，我们不得不承认这样一个现实，任何时候都有企业赚钱，有企业亏本，有企业开张，有企业关门。做不好的理由和做得好的办法同在。关键是你怎样选择。所以就有了这样的说法：“没有滞销的产品，只有滞销的人；没有疲软的市场，只有疲软的心。”世界上很多事，换一种思维方式，就会找到另外的一扇门。思路决定出路，面对很多不可能的事，你要走出自我的狭窄地带，积极去探寻其他途径，尤其要目光向外，借用外部的资源。只要认真去筹划，就能找到方法；找到方法，努力去执行，就会成功。俗话说：“天下无难事，只怕有心人。”看看下面这个故事，也许能给你一点启发：

有一位优秀的商人叫杰克。有一天他为自己聪明漂亮的儿子设计了一个奇特而大胆的“营销”方案：

杰克：“我已经为你选好了一个女孩子，我要你娶她。”

儿子：“我要娶的新娘我自己会决定。”

杰克：“我说的这女孩可是比尔·盖茨的女儿喔！”

儿子：“哇！那这样的话……”

在一个聚会中，杰克走向比尔·盖茨。

杰克：“我来帮你女儿介绍个男朋友吧。”

比尔·盖茨：“我女儿还没想嫁人呢。”

杰克：“但我说的这位年轻人可是世界银行的副总裁喔。”

比尔·盖茨：“哇！那这样的话……”

接着，杰克去见世界银行总裁。

杰克：“我想介绍一位年轻人来当贵行的副总裁。”

总裁：“我们已经有很多位副总裁，够多了。”

杰克：“但我说的这位年轻人可是比尔·盖茨的女婿喔！”

总裁：“哇！那这样的话……”

最后，杰克的儿子娶了比尔·盖茨的女儿，又当上了世界银行的副总裁。

知道吗，生意通常都是这样谈成的，但事前你要认真设计好方案，用中国人的话来说，癞蛤蟆想吃天鹅肉是异想天开，用杰克的思维方式则是顺理成章。看完这则故事，我们应当明白一点：抱怨难以推动别人改进工作，放飞自己的智慧才能走向成功。我们的各路精英们，能否跳出昨天思维的藩篱，用大智慧去指点江山，用金点子去攻城略地，实现新的飞跃，创造新的辉煌。

企业是一个利益共同体，是物质资本的“瞎子”背着人力资本的“瘸子”，大家同舟共济，群策群力，才能驶出波涛汹涌的海洋。

——作者

悟者生存

“企业经营”、“商业活动”——不同的国家有不同的解释，不同的人有不同的理解。但是迄今为止，对这个概念表述最生动、形象、深刻的还是我们老祖宗发明的一个词——做生意。对这三个字可以有一万种解释，但最直接的翻译则是：“做”是从事，“生”是生存，“意”是意义，也就是说经商的第一要义是能活下去。事实上，自从世界上出现企业以来，经营者都在寻找活下去的良方。从某种意义上讲，不论多么高深的企业管理、企业战略都是在探索和研究“做生意”的规律，谁猜透了个中奥妙，谁就是成功的生意人，谁就能开心地和死神捉迷藏，让企业维持下去，并不断发展。那么，我们这些凡夫俗子怎么才能悟透“做生意”的道，也一砖一瓦地弄出个百年老店来呢？佛祖说：“人人皆可成佛，悟即是佛。”可是一个“悟”字难住了多少英雄好汉。纵观商界精英辈出，群星闪耀，可一转眼，大都黯然陨落。其实天下路千条万条，悟道之路只有一条——“悟”字不就是“吾”和“心”吗？放下“我”即是悟。为了把这个道理阐述得通俗一点，让我们看两则故事：

(1) 从前，有两个饥饿的人得到了一位长者的恩赐——一根渔竿和一篓鲜活的鱼。其中，一个人要了一篓鱼，另一个人要了一根渔竿，于是他们分道扬镳了。得到鱼的人就在原地用干柴搭起篝火煮起了鱼，很快他狼吞虎咽地连鱼带汤吃了个精光。但好景不长，几天后，他便饿死在空空的鱼篓旁。另一个人则提着渔竿忍饥挨饿，一步步艰难地向海边走去，可当他已经看到不远处那片蔚蓝色的海洋时，他浑身的最后一点力气也用完了，最后只能望洋兴叹，遗憾地撒手人寰。

明眼人一看便知，这两位仁兄缺的就是悟性，一点不懂“做生意”的道理。心中只有自己，放不下“我”字。这样的人只看得见树叶而看不到森林，更不会有周全的计划和长远的打算。得到鱼的人只想到现在可以饱餐一顿，而没想到明天靠什么活下去。得到渔竿的人只想到海边可以钓鱼，但没想到怎么才能活着走到海边。

(2) 另外两个饥饿的人，他们同样得到了长者恩赐的一根渔竿和一篓鱼。他们没有各奔东西，而是商定共同去找寻大海。他俩相携相扶，向着共同的目标前行。为了保证能走到海边，每次只煮一条鱼。他们经过艰难的跋涉，终于来到了鱼虾丰盛的海边。两人开始了捕鱼为生的日子，几年后，他们盖起了房子，各自有了自己的家庭、子女，有了自己建造的渔船，过上了幸福安康的生活。

后两位也和我们一样是凡夫俗子，只是他们明白了“做生意”的道理。他们眼中除了自己还有别人。用现在流行的话来说就是充分利用了共有的资源，形成了合力，发挥了协同效应，因而增强了抗风险（死亡）的能力。能够合理地使用有限的资源——鱼，一天吃一条，让两人活着走到海边。这就是现代企业战略中讲的：做好核心业务，解决吃饭问题即生存问题。到了海边钓起鱼来，那是创新业务开始产生效益了。

听故事，必然是仁者见仁，智者见智。但是给人的启示也许有一点是相同的，即做企业首要的问题是生存。只有在自己能够生存的前提下，才能有机会去谈发展。只有在生存无忧的前提下，才能去扩张。不论企业大小，不管从事什么行业，只要是企业就每时每刻都面临“死亡”的风险。如美国安然这样世界500强中的庞然大物，轰的一声就倒下了。如果我们不认认真真去读生意经，不小心谨慎看好手中的渔竿——在具体工作中不扎扎实实抓住成本、降低费用、创造利润、实现正向的现金流，悬崖和沼泽就在脚下。

华为总裁任正非说：“华为的冬天迟早会来的，现在我们就要准备好过冬的棉衣。”有人说任正非是中国最杰出的企业家，其实还不如说他是一位悟出了“做生意”真谛的生意人。

一个企业的价值甚至生存在一定程度上，取决于你的客户。有什么样的客户，你就有什么样的未来。

——作者

企业价值反思

怎么样去判断和发现一个企业的真正价值？这是一个非常复杂而又特别有趣的问题。目前国际上对企业价值的评估有许多方式，但最通行和常用的有三种方法：收益法、成本法和市场法。

收益法是将企业预期收益资本化或折现至某特定日期以确定其价值。其理论基础是经济学原理中的贴现理论，即一项资产的价值是利用它所能获取的未来收益的现值。收益法关注的是企业的赢利潜力，考虑未来收入的时间价值，是立足现在、放眼未来的方法。因此对处于成长期或成熟期并具有稳定持久收益的企业较适合采用收益法。收益法关注的重点是企业的价值创造能力。

成本法是以企业资产负债表为基础，通过合理评估企业各项资产价值和负债，从而确定企业的基本价值。其理论基础是重置成本法，即假设在此时此刻重新构建这样一个企业，总体投入减去该企业资产的三项贬值（实体性贬值、功能性贬值、经济性贬值）后的价值。成本法重点是关注企业现有资产负债，通过客观的重置对比分析，对企业目前的价值作出真实评估。收益法和成本法着眼于企业自身的资产状况和赢利状况，就企业本身评斤论两，是一种内观法。

市场法是将评估对象与可参考企业或者在市场上已有交易案例的企业、股东权益、证券等权益性资产进行对比以确定评估对象价值。其应用前提是假设在一个完全市场上相似的资产一定会有相似的价格。市场法中常用的方法是参考企业比较法、并购案例比较法和市盈率法。市场法体现了评估中的替代原则，类似的资产应该具有类似的价值。市场法有别于收益法和成本法，将评估重点从企业本身转移至行业，完成了评估方法由内及外的转变。市场法较之其他两种方法更为简便和易于理解。其本质在于寻求合适标杆进行横向比较，当我们面对的企业未来收益又无法确定的情况下，市场法的应用优势凸显。可以说市场法的评估过程就是对影响企业价值的因素进行分析、评价、对比和调整的过程。分析影响企业价值的因素，并对被评估企业和可比企业进行对比，从中找出差异，这正是市场法的基础。市场法最突出的特点是相类似企业在市场上的价值，是一种外观法。

以上三种方法能帮助我们发现企业现在应有的价值。作为一种投资，运用好这三种方法，可以远离风险，可以理性地做出决策，可以获得较好的回报。但是，仅仅采用以上三种方法，很难发现企业的潜在价值，收益法是对现有赢利的评估，成本法是对现有资产的评估，市场法是对现有市场价值的评估。我们千万要牢记，最好的投资和最高回报的投资，一定是企业潜在价值尚未被发现的投资。风投公司从种子期开始进入的投资，成本很低，但成功率也很低，综合算下来，回报并不高。在这里，我们想探讨一种全新的价值发现方法，即如何发现企业潜在的、特殊的价值。事实上，在我们周边有一些企业，它本身具有很大的潜在价值，但是由于我们常常只从赢利、资产和市场几个角度去审视它，结果忽略了它最重要的价值元素——企业的客户价值，以及企业调整客户能力的潜在价值。

一个企业的真正价值不能机械地仅仅从现有的赢利、资产和市场交易几个角度去评估，而应当延伸到它的产品的现有客户和潜在客户。浙江某地是山核桃的主产地，近年来通过推广“山核桃丰产稳产综合栽培技术”，山核桃种植面积和平均年产量分别占全国的50%以上。但消费者普遍反映“山核桃好吃壳难咬”。山核桃走不出去，绝大多数消费者都是当地的家庭主妇——她们知道山核桃好，且有时间慢慢剥壳。但是，价格比普通核桃还低，因为这个群体的消费能力只有这样的水平。长此下去，山核桃这个产业只会在亏损中消亡。一个企业、一个产业不能赢利，就不能生存。要想通过山核桃赚钱，必须寻找新的客户。后来在专家的指点下，一家公司发现了这座“金矿”，毅然和农民签下长期包销协议。这家公司就做了三件事：①在山核桃深加工时将其适度砸碎，消费者只需用手掰开就可食用；②做一个好的包装；③价格提高几倍。结果山核桃走出山沟、走向全国，成为白领、金领最喜爱的食品。

奥克化学集团——一家专业的环氧乙烷衍生产品制造企业，主要生产聚乙二醇、破乳剂、切割液、乳化剂和表面活性剂等专用化学品。多年以来，企业的发展受制于毛利率不高、账期较长两个不利因素。经过认真分析，发现企业与客户的关系融洽，客户的满意度很高。但是由于纺织、日化、橡胶等行业的客户，他们自身的赢利能力不强，资金周转也紧张。因此，不管怎么努力，经营业绩都不理想。从2005年开始，公司把主要精力放在客户筛选和优质客户的需求分析上。最后公司把目标锁定太阳能行业的客户，并把切割液作为主推产品。经过一年多的努力，切割液的销售额占其全部销售额的50%以上，并且毛利和账期呈现良性循环的势头。到2007年，利润比上年增长100%，账期也大幅度下降。同样的原料、同样的设备、同样的制造成本，但不同的客户创造不同的效益，给企业带来不同的价值和不同的希望。

一个企业的价值甚至生存在一定程度上，取决于你的客户。有什么样的客户，你就有什么样的未来。如果你总是和吃了上顿没下顿的客户打交道，那你最终也会成为吃了上顿没下顿的企业。因此，我们一定要明白，只有为有发展的企业去服务，我们才能发展，只有和有希望的企业结成战略合作伙伴，我们才有希望。

怎么样去判断和发现我们自己的真正价值呢？那就要看我们拥有和将可能拥有什么样的客户。

下　篇

谋略之道

管理是复杂的，理论的丛林浩如烟海；管理又是简单的，以至“无为”亦可“达治”；何以无为？贵在守道。

——作者

大治者无剑

“管理”是当今社会使用频率最高的一个词汇，但对于管理一词的理解则是见仁见智。有人认为管理就是控制之术，一个企业没有控制力，没有权威性，那就成了一盘散沙；有人认为“管”字从官，就是讲上对下的威慑之力、约束之术，下对上的执行之道、服从之理；还有人认为管理就是控制加协调。那么，管理到底是什么呢？在相关的教科书中大都是这样表述的：管理的职能是预测、计划、组织、协调、指挥、控制、激励；管理的内容是产品研发、生产作业、行销经营、市场竞争、人事组织。咱普普通通的老百姓看管理的“职能”和“内容”大都有点懵了，自己身边的领导人和管理者好像没怎么计划、组织、协调，权力之剑一直在头上晃来晃去。其实，管理本来应当是很轻松、很愉快的，是人的欲望把它搞复杂了。人的控制欲和指挥欲把管理的经念歪了。表述管理最合适的英文词汇是Enable——帮助人提高并成功，而不应当是Manage——主管和控制。管理的重心应当是“理”，就是让人明理，理顺关系。而不是“管”，控制、约束、指挥。大贤老子认为，管理的最高境界是不理——无为而治。不过，现实的状况令人十分担忧，多数管理者偏重于管，说穿了就是把权力之剑看得很重，关心的是剑快不快、下面的人是否畏惧自己、自己说话是否管用，而对管理者自身的责任和本职反而淡忘了，对“理”的重要性更是视而不见。

在具体的管理工作中我们不难发现，偏重于“管”不重视“理”的领导和管理者，一般都把个人和部门的权力和控制力看得很重，习惯个人说了算，喜欢直接指挥，大事小事都要亲自过问，钟情于人治，忌讳于法治，常常以个人感觉代替制度和规定。仔细考查便会发现，其所辖区域和部门的基础管理薄弱、工作波动大、人员不稳定，尤其是员工缺乏创造性。即使在重压下能出一点业绩，一般也很难持久。为什么会这样？因为管理的精髓在于“理”，所谓管理的四大功能——计划、组织、协调、控制，前三项都是理，最后一项才是管。管理说复杂相当复杂，说简单也相当简单。悟透管理真经，其实不外乎是明理安心、理顺安人。

管理的所谓“明理安心”是指管理的“理”实质是道理和理念的意思。它要求管理者以理服人，让员工明了企业的经营理念、远景目标、发展计划，告诉员工组织的前行方向，让员工知道自己的未来。同时，这里的“理”还有一层意思是认同和接受。任何一种目标和理念必须得到广大员工的认同才具有其存在的空间。如果简单地、强制性地推行个人意志，不仅不利于组织发展，反而会产生负面影响。所以，管理者在发布和推行相关的理念和目标时，首先要了解各阶层的诉求和心态，然后让员工了解和认识公司的意图，从而转换观念、沟通思想、达成共识。最后才是颁布行动的指令。管理的根本目的是实现企业的战略目标，而企业目标的达成实际上就是全体员工个人目标实现的汇总。企业只有与员工建立一种彼此信任和相互沟通的机制，才能使员工在心理上有一个比较正确的定位，这样才有利于企业理念和目标的实现。员工理解并认同了企业的经营理念、远景目标、发展计划之后，自然就达到了明理安心的目标。

管理所谓的“理顺安人”首先是指理顺企业各级人员的责任关系，也就是要从职责关系上明确企业上上下下的各级人员的角色定位。总体上讲，上级是制定战略、目标和政策的机构，处于决策的上游；下级是执行部门，是实现上级意图的基础，处于接受命令的下游。管理者的天职就是成为上下之间的桥梁，工作的重心就是理顺上级和下级的决策与执行关系，始终保证上政下达，下情上知，使企业的信息顺畅。内部有了良好的沟通，有了共同的价值观和行动目标，企业才能成为一个有机的整体。全体员工才能心心相印、步调一致，企业也才能健康成长、快速发展。其次是指理顺企业的管理关系，也就是要建立管理制度、管理体系和工作流程来规范企业的运作。我们都知道优秀企业的共同特点是“有法可依，有章可循，淡化个人的色彩，突出组织的功能”。但凡一个企业出现领导和管理者不时大呼小叫，这只能说明组织机制不健全，企业管理关系不顺。只有在制度或流程被弱化的背景下，“能人”才有机会吆喝，并且一般都是向下吆喝，而不是向下负责。一句话，优秀的管理者通过理顺制度和流程，享受工作的快乐，低水平的管理者手握权力的大棒，在人治的氛围下，在直接指挥的过程中常常被自己的怒火灼伤。每一个管理者都希望在快乐的工作中实现自身的价值，但是由于人性的弱点——控制的欲望，又使自己放不下权力，在制度建设和流程管理上常常不会下真功夫，存在叶公好龙的老毛病。因为制度不仅约束了下属，也限制了领导的自由量裁权，令其不能随心所欲。如果企业领导和管理者走不出个人权力自恋的圈子，制度化的大厦也只能是空中楼阁。俗话说：“舍得，首先是舍，然后才能得。”当我们从内心把“管”字放下，“理”字自然就有了立足之地。第三是指理顺企业人与物的关系，理顺人与其他机构的关系，保证企业内部资源的优化配置。企业管理是对资源的管理，管理者的重要任务就是把企业有限的资源投入到最有效的项目上。具体而言，管理者在理顺了业务部门的经营思路和增长模式后，不应当过多干涉下属部门的操作业务，而应当向上研究政策、争取资源，为业务的开展创造条件。如果把企业比作一条溪流，那管理者的主要责任就是疏通渠道，让溪水欢快顺利地流淌。

管理是一门科学、是一种能力、是一门艺术，但它更像一个万花筒，在不同人的手中会变幻出不同的精彩世界。有人把实践中的管理比作一把剑，根据对剑的使用态度和方式把管理者分为不同的层次和级别，从而非常巧妙地把上述的“管”和“理”具体化、形象化。最有趣的是，不同的方式和态度从侧面映照出企业领导人和管理者的基本层次和级别：

第一个层次，手中握剑，大声嚷嚷，靠权力威慑下属，心中只有自己，眼中没有组织。这个级别——基本不懂管理之道，总体上是负效应大于正效应。

第二个层次，佩剑在身，轻言细语，恩威并重，不轻易动用权力，心中有自己，但能为他人着想，重视组织建设，但内心还恋着“人治”。这个级别——有了管理的基本原则和理念，懂得管理的基本方法和技巧，但组织功能还相对较弱。总体上讲，工作中成绩是主要的。

第三个层次，挂剑在墙，惜言如金，一言九鼎，以个人威望和人格魅力影响下属和企业。这样的管理者深谙管理之道，长于组织建设，注重人才培养。这个级别——到了管理的高级阶段，企业井然有序，员工心情舒畅，企业发展高速安全。

第四个阶段，宝剑入库，手中无剑，身上无剑，墙上无剑，心中有剑，化有形为无形。管理进入无为而治的理想境界，以远景目标激励人，以经营理念塑造人，以企业文化熏陶人。这个级别——已是无级阶段，组织功能发挥得淋漓尽致，个人英雄早已融入集体智慧的大海之中。企业经营模式突出，发展平稳健康，奠定了百年大业的基础。

不论你是喜欢“管”还是钟情于“理”，只希望阅读至此，你能在几个层次中找到自己的坐标点……

大道者无形，大治者无剑。

大道无形，适者生存，隐而不现，无所不为。“道”是规律，是事物运行的内在机制，悟道、知道、践道是企业领导人的必修课。

——作者

道法自然

世界在永恒的变化之中，但是大千世界的变化是有其规律和轨迹的。中国文化将这种宇宙的内在规律称之为“道”。比如，日升日落、月缺月圆、春夏秋冬循环往复。因此，作为万物灵长的人类就要在世界的千变万化中找到规律，通过掌握规律去应对变化的世界，创造理想的生活。企业经营也要循“道”而行，这个道就是企业的运行规律。

1. 道是企业的生存密码

我们用生态的目光来观察这个世界，一定会惊奇地发现：企业其实是一个有生命的实体，它是按照道的要求在演绎着生命的价值。可以这么说，每一个企业的诞生及它的未来走向都有自身的规律和轨迹。并且它严格遵循宇宙的法则——顺道行远、逆道速亡。因此，我们在经营一个企业时不能主观臆断、异想天开，而是要对企业所在行业、竞争对手和自身状况进行科学、客观的分析，悟出其内在之道，使它按照既定的规律健康发展、持续经营。

任何企业的诞生、生存、发展都有其既定的生命密码。这密码就是道，就是企业最适合的路径。谁能破译这密码，掌握这规律，谁就能让企业的航船在激烈的竞争中立于不败之地。反之，如果忽略企业自身的规律，凭主观意志盲目而为，则必然楫折舟倾。因此，企业生存、发展的第一要素是找到最适合的“道”。这道既是一个系统概念又是一个动态要素，也就是说不同的企业存在不同的“道”，相同的企业在不同阶段也潜藏着不同的“道”。经营者对企业这种内在规律的把握就决定了企业的兴衰成败。

正因为如此，在中国加入 WTO 以后，很多企业进入了一个迷茫期，“生意越来越难做，企业越办越困难”成为很多经营者心中的共鸣曲。其实，这是因为企业在不同的历史阶段有不同的生态环境，有不同的“道”。因此，必须有不同的经营方略。过去，中国多数企业的产生和成长都有特殊的时代背景。简而言之就是：“计划经济向市场经济转变，短缺经济造就无限机遇，无限机遇造就了大批企业的发展。”可以说当时特殊的历史条件所蕴涵的规律就是“时势造英雄，敢拼就会赢”，不少企业糊里糊涂的就从小做大了。据 2007 年西部地区的调查结果显示：84%的被调查企业没有明确的战略目标、没有核心经营理念、没有行之有效的管理制度、没有清晰的组织脉络、没有创新意识。仅凭直觉经营，靠某一方面的优势发展。在市场化程度不高、信息不对称的背景下，企业有生存和发展的空间。但是随着市场经济的建立和完善，卖方市场转化为买方市场，地方经济、区域经济转化为全球经济，市场竞争的加剧，消费需求的变化，使多数企业的不适应性和脆弱性暴露出来，企业的经营就陷入了举步维艰的境地。

大名鼎鼎的春都就走过了这样一条从兴到衰的惨痛之路。1986 年，春都开始发展高温肉制品生产、加工业务。在国内首家引进西式火腿肠生产线，生产出中国第一根火腿肠，随后其产品迅速走俏市场，销售收入、利润连年翻番，获得了巨大的经济效益。企业规模迅速壮大，全国市场占有率最高时超过 70%，资产达 29 亿元。然而，仅仅经历几年的短暂辉煌，这家明星企业便倏然跌入谷底。

春都为什么会走向衰落呢？“一招鲜，红遍天”的成功造成了可怕的错觉：“只要敢做，便无所不能。”管理的随意性、决策的盲目性，使该企业在较短的时间内投巨资增加了医药、茶饮料、房地产等多个经营项目，并跨地区、跨行业收购与兼并了多家企业，走上了一条多元化的道路。但企业经营项目繁杂、相互间关联度低、与其原主业之间也无任何关联。

进入20世纪90年代，火腿肠等肉制品市场竞争加剧，行业内的后来者迅速壮大，与春都展开激烈竞争，抢夺市场。此时，春都持续经营的举措就是增加投入、提高产品及企业整体竞争力，与后进者拉开差距。然而那些与主业无关的新增经营项目、新兼并企业分散了春都有限的资源，使春都在主业经营各个方面（企业战略、产品研发、市场营销、内部管理等）的投入严重不足，甚至难以保证其正常运营的需要。失“道”的春都为此付出了惨重的代价，销量直线下滑，全国市场占有率从最高时的超70%狂跌到不足10%，一个有着发展前景的企业走向了衰败。

春都的惨痛教训给了我们一个深刻的启示——经营者必须以“道”治企，必须悟出企业生命的密码。那种“三拍式”（拍脑袋决策、拍胸膛保证、拍屁股走人）的经营者只会把企业引向不归之路。

2. 道是企业的发展方向和发展战略

“道”是一个非常深奥的哲学命题。道家的创始人老子在《道德经》中开宗明义第一语：“道可道非常道。”确实如此，“道”很难用语言来表述。“道”是事物的一种内在规律，要想正确地理解它需要进行认真探索、研究和潜心领悟。

作为企业，确立其发展方向、制定未来战略就是寻找企业内在的规律，就是要解决“做正确的事”这一最关键的问题。面对全球经济一体化和知识经济两股时代潮流，面对波谲云诡、竞争激烈的环境，企业要求得长期的生存和发展，就必须立足现实的土壤，高瞻远瞩地眺望未来，做出正确的战略决策。因为制定战略的过程就是对企业的外部环境——全球环境、国内宏观环境（政治因素、经济因素、社会因素、科技因素、法律因素）、行业环境进行系统调查、分析的过程，就是对企业的内部条件——企业资源状况、企业经营水平、企业竞争优势和核心竞争力进行冷静、客观的认识和评估的过程。这个过程就是悟

“道”的过程。联想集团总裁柳传志说：“制定战略就是找‘路’。”在前面的草地、泥潭和道路混成一片的时候，我们要反复、细心地观察，然后小心翼翼、轻手轻脚地去踩、去试。当踩过三步、五步、十步、二十步，证实了脚下踩的确实是坚实的黄土路时，则毫不犹豫，撒腿就跑。这个去观察、去踩的过程就是根据企业内部条件对外部环境的最佳适应性做出准确判断，达成“运筹于帷幄之中，决胜于千里之外”战略决策的过程。而撒腿就跑则是坚决执行战略、高速发展的过程。

但是，我们还必须清醒地认识到，制定战略仅仅是悟“道”的一种方法。能否找到企业某一发展阶段的最佳途径——做最正确的事，取决于经营者的“道行深浅”，笔者认为柳传志应当是得道之人。联想与四通的战略是很有启示性的：在 20 世纪 80 年代，靠研制打字机起家的四通公司一度成为中关村最强大的高科技公司。1985 年，四通的销售额为 3 200 万元人民币，1986 年突破亿元大关。此时，四通的经济实力和技术实力，奠定了其向计算机行业发展的良好基础。但是它没有把握这最佳的发展之道，而选择了经营旅馆、装修、证券、饮料等多种业务。而 1985 年仅有 300 万人民币销售额的联想，则把敏锐的战略目光锁定到了计算机行业上。当然，我们应该看到，战略的制定是一个相当复杂的过程，包含了人类思想中最复杂、最微妙、有时是潜意识的因素。如果没有对企业的内外环境做详尽周密的分析，没有对市场、客户和竞争者进行仔细的剖析，没有超出常人的冷静和理智，是很难“悟道成真”的。联想几次拒绝了金融、保险、房地产等业务的诱惑，咬定三个目标不放松：第一，争做一个长寿的公司，成为百年老字号。第二，争做一个有规模的公司，努力获得国际性的市场地位。第三，争做一个高技术的公司。于是，联想从做计算机服务起步，到用汉卡解决西文汉化，由联想汉卡促进国外品牌电脑的分销，继而推出联想品牌电脑并发展网络业务，沿着清晰的战略思路步步攀登。很快，联想将四通公司远远地抛在了身后，十多年时间联想的销售额增长了几百倍，成为中国最优、最强的公司。近年又以 17.5 亿美元的总价，一口吃下了 IBM 个人电脑事业部，成为一个真正意义上的国际化公司，为中国人争了一回面子。

天行有常，万物有道；大法自然，自然而然。我们经营企业的第一要义是：知道、悟道、践道、修正……

人乃万物之灵，更乃经营之本。知人善任，用其所长，避其所短，形成合理的组织架构，构建强大的企业功能，这是人力资源管理的核心任务。

——作者

用人之道

市场竞争风云变幻，经营之道深不可测。为什么这么说呢？现在的实际情况是人的寿命越来越长，而企业的寿命越来越短。20 世纪 20 年代，人的平均寿命只有 40 岁，现在已达到了 75 岁；而企业的寿命则相反，从平均 60 岁，下降到了 10 岁。看看我们身边的很多企业，初始风风火火，但一不留神就烟消云散了。正因为如此，一些稳健型的实业家开始缩减实业经营，同时购房置地——当安全的地主和房东。这虽然只是个别现象，但也反应出经营企业真的非常艰难，充满了难以预见的风险。尤其是企业做到一定规模的时候，管理的难度和经营的风险几乎是结伴而行的。不过我们也可换一种角度去思考这一问题。企业经营险象环生，可依旧有那么多的优秀企业高速发展、基业长青。其实，仔细研究这些优秀企业，你就会发现：第一，没有一帆风顺的；第二，没有先知先觉的；第三，也没有什么固定的模式可以借鉴。但有一点是共同的：一切优秀的企业都把人当成了企业的第一资源。经营企业就是经营人，在经营人的基础上经营企业。说穿了就是一句话——经营之道就是用人之道。用什么样的人办什么样的企业。

刘邦可以说是悟透经营之道的专家。他曾说过一段非常发人深省的精妙之语："夫运筹帷幄之中，决胜千里之外，吾不如子房；镇国家，抚百姓，给馈饷，不绝粮道，吾不如萧何；连百万之师，战必胜，攻必克，吾不如韩信。此三人，皆人杰也，吾能用之，此吾所以取天下也。"IBM在低谷时引进了郭士纳先生、GE在困境中启用了韦尔奇，优秀的人才让企业在成功的路上高歌前行。不过用人不当负效应也非常大，我们身边的健力宝、科龙就吃了用人不当的大亏——陷入难以自拔的困境。客观地讲，不论张氏还是顾氏都算人杰，用得好真能造福一方，用得不当，不仅是他们自己受苦，还让企业和员工遭殃。

怎样选人、用人成了企业生存、发展的第一要素。在我们身边，人才很多、能人也不少，但是，怎么认识、培养和使用人才这是事关企业兴衰成败的大是大非问题。讨论至此，想到佛祖用人的一个故事，也许能给我们一点启示：

拜过庙的人都知道，一进庙门，首先看到的是笑脸相迎的弥勒佛，而在他的北面，则是黑口黑脸的韦陀。相传在很久以前，他们并不在同一个庙里，而是分别掌管不同的庙。弥勒佛热情快乐，所以来的人非常多，但他什么都不在乎，经常丢三落四，没有好好地管理账务，所以依然入不敷出。而韦陀虽然管账是一把好手，但成天阴着个脸，太过严肃，搞得"客户"越来越少，最后香火断绝——企业都玩倒闭了。看着倒闭的企业，佛祖很着急，于是将二者进行重组，形成一个新企业，弥勒佛管营销，韦陀管财务，两人各展所长、默契配合，香火越来越旺，很快开了很多家"分店"，占领了全球众多市场。

让合适的人到合适的岗位，这是最基本的用人之道。它既不新增岗位，也不新增成本，但它产生的积极效应是明显的。同时，我们还应当看到，把优秀的人才放在最重要的、最合适的岗位，企业就跨入了高速发展的快车道——不发展都不行。

但怎样才能选好人、用好人呢？关键是我们要有一双慧眼、一颗慧心。

成功有道，制胜有门。规范的市场上“偶然”日趋减少，“必然”日渐增多。职业化的技能＋专业化的精神≈成功的企业

——作者

成功的金钥匙

有一天，孔子带着学生去楚国，途经一片树林，看到一个驼背老头拿着竹竿粘知了。他的动作就像是从地下拾东西一样，一粘就是一个。孔子问道：“您的动作这么灵巧，一定有什么妙招吧？”驼背老头说：“我是有方法的。我用了五个月的时间练习捕蝉技术，如果在竹竿顶上放两个弹丸掉不下来，那么去粘知了时，它逃脱的可能性是很小的；如果竹竿顶上放三个弹丸掉不下来，知了逃脱的机会只有十分之一；如果一连放上五个弹丸掉不下来，粘知了就像拾取地上的东西一样容易了。所以我站在这里，平心静气，既稳且准地随意粘取。虽然天地广阔，万物复杂，但我看的、想的只有知了，如因万物的变化而分散精力，我又怎能捕到知了呢？”

这个故事可以说意味深长，借驼背老人之口告诉我们两把“成功”的金钥匙——专业化和职业化。说具体点，他老人家讲自己的捕蝉技术就是指专业化，讲静心和专注就是指职业化。从竹竿顶上放两个弹丸到五个弹丸，就是我们现在的所谓职业培训。当粘知了犹如随地拾物时，就是技能培训已到了专业化的水平。但是我们应当特别注意，驼背老人说得非常清楚，仅仅到这个层次还不能保证能把事做好——完全有把握地捕到蝉。其中还有一个更重要的环节：“我站在这里，虽然天地广阔，万物复杂，但我看的、想的只有知了，如因万物的变化而分散精力，又怎能捕到知了呢?”这已经从专业化上升到职业化的高度了。大家都知道，专业化仅是一种技能，而职业化则是一种标准。专业化更多的是指我们拥有的行业所需要的技术能力，这个并不难做到，只要有好的师傅、有一定的培训时间，一般的员工都可以达到。从严格的意义上讲，一个合格员工就应当具备专业化的技能。但是我们应当看到，很多时候，专业技能强的员工，并不一定能为企业带来优良的业绩。有的时候，我们还发现一个很普遍的现象：相同质量的产品，相同专业技能的市场人员，相同的用户群体，我们的收益却只有对手的 60%~80%。为什么会出现这种情况？这就是一个职业化的问题。职业化是一种精神、一种素养，一种把我们的产品、专业技能最大限度地转化为成果和业绩的素质。

就个体而言，要成为一名专业人员并不难，但要成为一名职业化的人才，那是需要下很大工夫的。就像中国的足球一样，全国有很多专业化的运动员，但是跟国际上的曼联、阿森纳、利物浦、巴塞罗那、皇家马德里、AC 米兰、尤文图斯等一比，就会有一个重大发现——中国足球队根本不是那么回事。仔细一想就会明白其中的原因：没有职业化的素质！他们站在绿茵场上，眼里除了球，还有很多其他东西。因此，走不出去是正常的，走出去了才不正常。对一个企业而言，如果没有职业化的员工、职业化的专业人员、职业化的管理团队，那就只能是小打小闹。如果阴差阳错地发展起来了，那也很难持久。职业化是事业成功的不二法门。

职业化的核心是职业化的精神，职业化精神是我们的立业之本。职业化精神是一个人在他所从事的职业活动中所表现出来的价值观与态度，也就是从内心尊重本职业，尊重本职业的规则，严格按照职业的操作规范和流程来开展工作。它既是一种理性的智慧力，又是一个人内在的创造性工作的精神动力。

孔子说："执事敬业"，朱熹说："敬业者，专心致志，以事其业也。"这些就是职业化的敬业精神。职业化最基本的要求是热爱自己的职业、专注于自己的职责，扎扎实实地完成自己的本职工作；用社会的、市场的最高标准来要求自己，使工作超越谋生的层次，升华为实现自我价值的理想之路；职业化不仅要求我们关注每一个关键的细节，而且要求我们创造性地解决各种问题。《致加西亚的信》一书中的罗文就是职业化军人的楷模，他深知"送信"是一项艰巨的任务，完成这项任务困难重重，但是职责所在，他根本没有向上级提任何条件，也没有问怎么把信送给加西亚，作为一个职业化的军人，他懂得目标在前、任务在肩，一切全靠自己。

时下，很多有一定基础和规模的企业都把目标锁定为做大做强，这是有志向、有理想的表现。从另一个角度看也是企业发展过程中的一个关键的拐点。因为，一个企业从小到大，能有一定的规模，那么它在专业化方面一般都有一定的基础和优势。但是，要上一个更高的台阶——做大做强，就一定要从专业化跨入职业化。专业化的独轮车不能在高速路上飞奔，尤其是在市场经济越来越规范的时代背景下，没有职业化的员工队伍、管理团队和管理体系，企业是很难在竞争中生存和发展的。

企业要做大做强，首先要悟透驼背老人的故事，并找到罗文这样的人才。

稻香须经旱苗苦，宝刀锋从磨砺出。磨难，人人避之；成功，人人趋之。然而，磨难是成功的前提条件，是企业基业常青的必由之路。

——作者

“旱苗”的启示

春耕季节去农村，我们会发现一个很有趣的现象——农民在插秧前一定要将稻田里放满水，可秧苗一插上，就会立刻把田里的水给放掉。结果由于稻田里没了水，秧苗自然没精打采的，有的甚至还会出现叶子发黄的现象。此时，如果马上放水入田，秧苗过两天就转青了，并且会飞快上长。可是经验丰富的老农绝不会马上放水，他对秧苗的萎靡不振仿佛视而不见，一直要等到秧苗好像适应没水的环境了，他才开始往田里放水。农民们把这种“插苗放水”的程序称为“旱苗”。据说，这是保证秧苗健康成长和获取丰收必须经历的重要环节，如果秧苗插好后，不经历“旱苗”这一关，而一直舒舒服服地待在水量充足的稻田中，那它就只能舒舒服服地夭折，既不能享受成长的快乐，更不能结出丰硕的果实。这是为什么呢？

秧苗的前期管理有两个关键环节：一是插秧前要保证稻田里水量充足，这主要是为了让稻田的泥土松软，确保秧苗栽插时根能在泥土中伸直。如果根没有充分放直，秧苗的存活率非常低，即使活了，也结不了果；二是秧苗插好后，立刻把田里的水放掉，让秧苗处于“饥旱”状态。秧苗本身是喜水植物，在旱田之中它要生存下去，就只有让自己的根拼命往深处扎，在泥土中吸收水分。“旱苗”期间秧苗显得萎靡不振，这是一种正常现象，表面的萎靡其实正是秧苗深根苦扎的“表情”。俗话说根深叶茂，没有深扎的根须，它的苗就长不高，长高了也要倒下来；没有深根就吸收不了泥土中丰富的营养，难以结出饱满的稻米，即使结出了，头重脚轻也要倒下来。而秧苗有了深扎于田土中的根，情况却完全不一样了：根到之处就是生命之地，根越深秧苗的生命力越强，生存和发展的基础就越牢固。往后秧苗不论长多高、遇到多大的风雨，稻粒无论长多丰硕、有多重，它都承载得起。可以这么说，“旱苗”是人类经过千百年的反复实践，才悟出的确保丰收的栽植之道。

万物同理，从“旱苗”这一栽植之道，联想到企业的生存和发展，我们会受到很大的启发。为什么有的企业发展速度之快，让人目不暇接，可是猛一回首，其倒闭消失的速度之快，更是令人触目惊心呢？根本的问题就是没有经历“旱苗”这一关，花红叶绿，但没有根。现实生活中，中国人特别喜欢讲天时、地利、人和。经营企业也确实离不开这三大要素，但是辩证地看，办企业尤其是要做百年老店，应当从另外一个角度来看“天时、地利、人和”。“旱苗”之道其实就是反其道而行之，通过人为地制造不利的外部环境，逼着秧苗在恶劣的环境中学会生存。很多企业初创时，遇到了一个好的机会，顺利地挖到第一桶金，于是顺风驾船，勇往直前，高速发展。这就如秧苗一样，插到水田中，只要水源充足，就噼里啪啦往上蹿，长势喜人，令旁观者拍手称赞。可好景不长，一经风雨就栽倒了。对于企业来讲，只要是在顺境中发展起来的，没有经过市场急风暴雨洗礼的，不论表面多么风光，外部环境一变，它都面临死亡的威胁。

企业必须在自己的发展过程中经历“旱苗”的磨难，才能真正在市场的肥田沃土中扎下生命之根，才能健康成长、高速发展。我们都知道，沃尔玛是世界500强之首，在全球有数千家连锁店，一天的销售额近200亿人民币。有人说它创造了人类商业史的奇迹，有人说它得到了上帝的特别关爱。然而，沃尔玛的创始人山姆·沃尔顿一言道破天机，他说：“无数的人都认为沃尔玛是一夜暴富，只有我们知道，我们为这一天，整整默默奋斗了二十年。”正因为有长达二十年的“旱苗”期，才成就了这个全球巨无霸的辉煌。创业初期，在财务极其紧张的重压下，沃尔玛不得不把自己的店开在租金低廉的一般城镇，不得不把目光锁定在普通消费群体上，不得不经营低价位、多而全的商品，不得不采取薄利多销、天天降价的策略。而为了在这种艰难的环境中保证自己这种独特的商业模式能持续经营，沃尔玛不得不绕开中间商，直接从工厂进货。二十年的“旱苗”期让沃尔玛超越了一般的企业，将自己的生命之根牢牢地扎于市场的最深处，打造出适合全球市场的最佳商业模式之一。

世界上根本没有什么奇迹，也不要祈求上帝能给你特别的关照，企业是一个生命体，要让它基业长青，就必须创造条件让它有充满活力的生命之根。

当我们为沃尔玛投入4亿美元巨资，发射商用卫星，实现全球联网，并通过全球网络，能在 1 小时内对全球 4 000 多家连锁店的库存量、上架量和销售量全部盘点一遍的高效率感到惊奇和羡慕时，千万不要忽视了一个发人深省的生命现象——二十年的“旱苗”期才让沃尔玛这棵大树将生命之根扎到地球深处，并不断延伸。

正人先正己，做事先做人。心在胸中人不知，行在世间自昭然。优秀的领导者都有一颗金子般的心，照亮了自己，也照亮了别人，更照亮了企业的前程。

——作者

领导＝做人

一个企业的兴衰存亡关键在于它的领导者，一个优秀的领导者能够带领企业从小到大、从弱到强；一个优秀的领导者能够让它的团队坚如磐石并勇于变革、勇于创新、永葆青春活力；一个优秀的领导者犹如企业的灵魂，他的思维方式创造了企业的经营模式，他的行为规范形成了企业的制度与文化，他的眼界高度决定了企业生命之路的长度。怎样做一个优秀的企业领导者，这既是一个艰深的理论问题，又是一个复杂的实践问题。在这里，我们只讨论两个最简单和最直接的问题：优秀的领导主要应当做什么和怎么做。

衡量一个领导者优秀与否的标准就是这个领导者会不会做人。领导者是通过“会做人”去达到一个目的——正人和助人。正人是要下属和员工按照公司的要求做事，助人则是通过各种方式帮助下属和员工做好事。很多领导都知道自己的任务是正人、助人，但是实践中却常常犯越俎代庖的错误，喜欢做事、忘了做人，结果是事倍功半。倘若一个领导受到下属和员工这样的赞扬："领导真会做事。"这样的赞扬实际上是最大的讽刺，之所以这么说是因为领导者的角色错位了。领导者的首要任务是定方向、定目标、定游戏规则。在日常的经营活动中，我们一定要明白，员工相信企业的未来，不是看纸上的文字，而是看领导的为人。用一句最通俗的话说："领导会做人，员工就会做事。"因此，领导欲"正人"，首先要"正己"，欲"助人"，首先要"修身"，即领导者自身的素质、人格魅力决定了他的领导力。那么，领导者应当怎样正己和修身呢？孔子在《大学》里告诫我们："古之欲明明德于天下者，先治其国；欲治其国者，先齐其家；欲齐其家者，先修其身；欲修其身者，先正其心；欲正其心者，先诚其意；欲诚其意者，先致其知。致知在格物，物格而后知至，知至而后意诚，意诚而后心正，心正而后身修，身修而后家齐，家齐而后国治，国治而后天下平。"这段精彩的论述如应用于企业管理，就是企业制定的愿景和目标必须是以领导者自身的心灵修炼为基础，也就是说领导者修为的起点和终点、领导者的心性和悟性决定企业的价值取向和经营理念。有什么样的设计师建造什么样的大楼，有什么样的领导者创造什么样的企业。

日本松下公司成立于1918年，由松下幸之助夫妇和妹夫井直岁男三人创建，经过几十年的奋斗，松下公司如日中天，成为全球最优秀的公司之一。松下的成功归功于松下幸之助，他被奉为"经营之神"，他神在哪里呢？主要是他有一颗高远的心。他认为，对于企业来说，技术力量、销售力量、资金力量以及人才等，虽然都是重要因素，但最根本的还是正确的价值观和经营理念。价值观和经营理念植根于正确的人生观、社会观和世界观上，人生观、社会观和世界观则像花草树木一样长在人的心灵的土地上。

道家要修悟成仙必以修心为路径，佛家要修成正果必以修心为阶梯，领导者要有所作为也必须以修心为渡船。道家讲"无为"、佛家讲"色空"、领导者就要讲"放下"。何为"放下"呢？让我们看看小小泥人是怎样为我们做表率的：

有一天，上帝宣旨说，如果哪个泥人能走过他指定的河流，他就会赐予这个泥人一颗永不消逝的金子般的心。泥人怎么能过河呢，那岂不是自取灭亡？然而，有一个小泥人，说他想过河。他不想一辈子只做这么个小泥人，他想拥有自己的天堂。但是，他也知道，要到天堂，得先过地狱。

小泥人来到了河边，犹豫了片刻，双脚踏入了水中。一种撕心裂肺的痛楚顿时覆盖了他的全身，他感到自己的脚在飞快地溶化着，每一分每一秒都在远离自己的身体。回去吗？如果倒退上岸，他就是一个残缺的泥人；在水中迟疑，只会加快自己的毁灭。而上帝给他的承诺，则比死亡还要遥远。河很宽，仿佛耗尽小泥人一身的力量也走不到尽头。

小泥人艰难地向前挪动着，鱼虾贪婪地吮食着他的身体，松软的泥沙使他每一瞬间都摇摇欲坠。有无数次，他都被波浪呛得几乎窒息。

小泥人真想躺下来休息一会儿。可他知道，一旦躺下来他就会睡过去，那样就连痛苦的机会都失去了。他只能忍受、忍受、再忍受。每当小泥人觉得自己就要死去的时候，他就会想到自己的目标，于是又咬紧牙坚持到下一刻。

就在小泥人简直要绝望的时候，他突然发现自己居然上岸了，他如释重负、欣喜若狂！他惊奇地发现自己已经拥有了一颗金灿灿的心。明亮的眼睛就长在心上，过了这条河，小泥人终于明白了，如果自己害怕失去泥土做的身体，就永远不敢下水，就永远过不了河。如果不忍受撕心裂肺的痛苦，就根本不能坚持走过去，就永远得不到金灿灿的心。其实，与其说小泥人得到了一颗金子般的心，还不如说他大彻大悟，从而让泥做的心脱胎换骨。

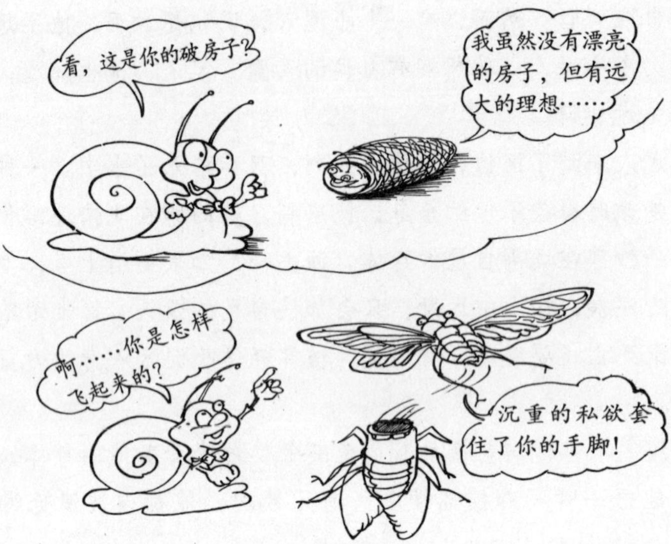

其实我们每一个人都可以得到这样一颗金灿灿的心，关键是我们能不能放下自己的泥土之身。企业的领导者如果把企业当成自家的，那企业的小船就只能在家族的河流中行驶；如果企业领导者只顾眼前的利益，那企业之树就不可能基业长青；如果企业领导者只顾自己的利益，那沉重的私欲会让企业的前途一片暗淡。一个放不下小我的领导者，他的价值观和经营理念必然缺少灿烂的阳光，当然也失去了正人的底气，更不会有助人的义气。松下幸之助认为人是万物之王，是伟大而崇高的存在。这里所说的“王”一方面是指人可以根据生存和发展的自然规律享受阳光和利用万物；另一方面是指人能够以仁慈和公正的心担负起使一切事物发挥其作用的责任。他拥有对组织内部一切人、财、物等任意支配的权限，同时他也担负着用爱心来对待人、财、物并采取措施使之充分发挥最大价值的责任。一个企业的领导者只有放下小我，做到爱人如己才能心存高远，才能把企业的利益、员工的利益、股东的利益和社会的责任高举在头顶，也只有这样才能给予员工真切的关怀、良好的待遇、稳定的保障、合适的工作、必要的尊重、适时的升迁。在成就事业、成就他人的河流中，荡去泥身，修悟出金光灿烂的永恒之心。

佛是觉悟的众生，众生是没有觉悟的佛。做领导就应该从当下开始，静心修炼，体悟做人之道。

远山不远，只要你不停跋涉；近水不近，如果你不知方向。方向，是成功的关键，方向不明，人生就像拉磨的驴子。

——作者

走出彼塞尔

最近北京流行一句感叹人生的幽默话："眼睛一闭一睁，一天过去了；眼睛一闭不睁，一辈子过去了。"仔细想想，这两句话真是风趣、经典，远比"光阴似箭，日月如梭"更形象、更耐人寻味。生命这种不可再生的稀缺资源正是在我们的双眼一睁一闭之间，不经意地消耗殆尽。人生苦短，转眼即逝。正因为如此，面对日起日落，我们常常会从内心产生一种虚掷光阴的恐惧感。因为每一个人从灵魂深处都对人生有所追求，都希望自己这一生活得更有价值。

虽然我们从小就接受"男儿当立志"、"莫等闲，白了少年头，空悲切"的教育，但是临近人生暮色时，有几人能无怨无悔？很多人一生都在苦苦耕耘，但常常是事倍功半。有的甚至毕其一生的奋斗，理想之花一朵也没开放。

要追求自己的理想、实现人生的价值，仅有志向是不够的，仅有勤奋也是不够的，必须要有明确的方向、清晰的目标、正确的方法。1926年，英国皇家科学院院士肯·荣文在彼塞尔村发现的案例和人生的迷途惊人地相似。

彼塞尔是西撒哈拉沙漠中一个贫穷、封闭、落后的小村庄。为了改变自己穷苦的命运，村里人祖祖辈辈都想走出去。可是一年又一年，没有一个人走出过大漠。据说，他们为了离开这块贫瘠的土地，尝试过很多次，但都以失败而告终。令人不可思议的是，村里人无论向哪个方向走，最后都是转回到出发的地方。

彼塞尔人为什么走不出来呢？肯·荣文院士非常纳闷，最后，他只得雇了一个名叫阿古特尔的彼塞尔人，让他带路，看看到底是为什么。他们带了半个月的水，牵了两峰骆驼，肯·荣文拄着一根木棍跟在后面。

十天过去了，他们走了大约八百英里的路程，第十一天的早晨，他们果然又回到了彼塞尔。这一次肯·荣文终于明白了，彼塞尔人之所以走不出大漠，是因为他们根本就不认识北斗星！在一望无际的沙漠里，一个人如果仅凭着感觉往前走，他必定会走出许多大小不一的圆圈，最后的足迹十有八九是一把卷尺的形状。彼塞尔村处在浩瀚的沙漠中央，方圆上千公里没有一个参照物，若不认识北斗星又没有指南针，想走出沙漠，确实是不可能的。

肯·荣文在离开彼塞尔时，带上了村民阿古特尔。他告诉这位汉子，只要你白天休息，夜晚朝着北面那颗星走，就能走出沙漠。阿古特尔照着去做，三天之后果然来到了大漠的边缘。阿古特尔因此成为彼塞尔勇敢的开拓者。从此，彼塞尔和外界有了紧密的联系，最后，彼塞尔这一沙漠绿洲成为旅游者的天堂，彼塞尔由此走向了繁荣和富裕。阿古特尔的铜像被竖在小城的中央，铜像的底座上刻着一行字——新生活是从选定方向开始的。

是啊，真正的人生之旅，是从设定目标的那一天开始的。以前的日子，也许是在绕圈子而已。如果从更深一层去理解这则故事，我们还会发现彼塞尔人走不出沙漠是受知识和经验的限制，而接受了良好教育的现代人难以到达理想的彼岸——走不出心灵的彼塞尔，关键不是个人的智力和能力问题，而是面对人生的旅途，常常出现以下几种情况：①没有目标；②有目标，但不明确；③目标明确，但没能坚定信心走下去。其实以上三种情况只有同一个结果——就像蒙着双眼拉磨的驴，步步奋力向前，天天原地转圈。

我们在日常的生活、工作中经常觉得自己很辛苦、很认真、很劳累，但过段时间回头一看：思路没有变化、方法没有改进，不断重演昨天的故事，效率没有增长、业绩没有提高，有时还出现负数。结果是离原来的目标越来越远，内心的苦闷与日俱增。其实当我们走不出心灵的彼塞尔时，必然会困在茫茫的“沙漠”之中。彼塞尔人抬头找到北斗星就能校准方向，我们只有反观内心，避开“井蛙心态”、放下“私心杂念”、抛开“经验主义”等心灵迷雾，才能找到内心的北斗星，才不至于在琐屑、纷乱的生活漩涡中迷失方向，才能持之以恒地迈向人生美好的目标。

彼塞尔人已经靠着北斗星走出了大漠，作为现代人的我们更不能闭着双眼在自己的心灵沙漠中徘徊。排除阻碍你视线的一切障碍物，找准你心灵的北斗星，向着人生目标出发吧！前面，理想的花朵正在为你而开放！

简单≠容易。在管理理论日趋丰富的今天，任何组织行为都有理论依据，制度成山、文件如海、会议像满天繁星——管理成了繁重的体力劳动！简单管理实属不易。唯有大智慧者，秉道法禅心、行简捷之路。

——作者

大道简行

老子在《道德经》里说："天下难事，必做于易；天下大事，必做于细。"又说："合抱之木，生于毫末。九层之台，起于累土。千里之行，始于足下。"这种从易到难，溪流成海的思维方式确实是一种大智慧。当然，把这种思想说得最形象并推向极致的是慧海禅师。据《菩提树》载：

一日，有源请教慧海禅师："修道，有没有秘密用功的法门？"

慧海禅师："有！"

有源："什么秘密？"

慧海："肚子饿时吃饭，身体困时睡觉。"

禅、道大师对"难事于易，大事于细，修道于食睡"的描述，也确实让常人不理解，甚至是一头雾水。其实，我们换一个角度去思考，换一种方式去领会，也许会突然省悟：伟大源于平凡，高山起于平地。在现实生活中，我们用心观察还会发现一个非常突出的现象——凡是高深莫测、喜欢天花乱坠讲大道理、不做具体事的，都如无根之树；凡是喜欢神乎其神、把简单的问题复杂化的，最终都一事无成。再进一步观察，我们还会发现，在一个低效率的组织里，任何事都很神秘、很敏感，一切问题都非常复杂，各种看得见和看不见的绳索把所有人变成兜里的螃蟹——你拉住我、我钳住你，谁也动弹不得。而在高效的组织里则一切问题都很简单，从上到下一切管理简单有序——饿时吃饭，困时睡觉，上班干活。

我们都知道组织的管理决定组织的效率，组织的效率反映组织的管理思想和管理方法。那么，什么是组织的管理呢？在权威的教科书中组织管理的标准定义是：组织或管理机构，在一定范围内，通过计划、组织、控制、领导等工作，对组织所拥有的资源（包括人、财、物、时间、信息）进行合理配置和有效使用，以实现组织预定目标的过程。这一定义在一定程度上揭示了组织管理的根本任务——实现预定目标的过程。但是在组织管理的实践中，人们发现组织的目标不能达成，一般有两种原因：天灾和人祸——外部市场变化和企业内部经营管理。但是，多数情况下都是祸起萧墙——与组织的运营效率有关。企业的运营效率主要与管理流程的烦琐和简洁有关。流程的烦琐和不清晰将直接导致内部管理的混乱。比如，企业的计划，这是一切工作的中心。但是，计划的制订、审批、分解、落实、检查、考核，涉及很多环节和部门。如果关于计划的流程不清晰或者太烦琐，都将导致计划流于形式。计划一旦落空，相关部门为了推卸责任，通常的自保方式是让管理体系、制度、流程更加复杂化。管理复杂化的第一特性——出了任何问题，谁也没有责任。

因此，如果我们对高效组织和低效组织进行差异分析的话，可能会发现成千上万的“不一样”，但是仔细分析，其实就一点不一样——低效率的组织总是把简单的事情复杂化，高效率的组织则总是把复杂的事情简单化。组织的效率问题说穿了是由思维方式和管理方式决定的。下面我们做一个趣味测试：

请先回答一个问题：A 和 B 可以相互转化，B 在沸水中生成 C，C 在空气中氧化成 D，D 有臭鸡蛋的气味，请问 A、B、C、D 分别是什么？

这道题很难吧？是的，太复杂了。这道题曾经难倒过许多博士和教授，而不知道答案正好表示你可能是个饱学之士。反过来说，如果我们知道答案，那也不用太得意，据说第一个说出正确答案的是在大街上修鞋的王小二，知道答案表示自己可能跟他一样目不识丁。

参加测试的所有的高学历人士，都是从"D有臭鸡蛋的气味"这个已知条件开始推断的。这很简单，上中学的时候我们就已学过，臭鸡蛋的气味意味着硫化氢。硫化氢是一种有毒、有害气体，浓度高时可以致人死亡。那么什么东西可能被氧化成硫化氢呢？这个问题恐怕就要难倒一批博士和专家了，可能有几个备选答案，但不见得是"在空气中氧化"成的。至于A和B可能是什么，别说教授，恐怕连上帝都回答不出来。

其实答案很简单。那个王小二说："A、B、C、D分别是鸡、鸡蛋、熟鸡蛋和臭鸡蛋。"

王小二没上过学，他不知道什么叫硫化氢以及硫化氢是什么气味，他只知道臭鸡蛋有臭鸡蛋味。答案揭开了大家都觉得好笑："我怎么就忘了这么简单的道理呢？臭鸡蛋自然有臭鸡蛋味啊，我们从小就知道的啊！"

这个测试给了我们一个启示：工作中我们常常把简单的问题复杂化，从而作茧自缚。老子他老人家讲的所谓"天下难事，必作于易；天下大事，必做于细"，既是一种思维方式，也是一种工作方法。也就是说，无论我们面对多么棘手的事或是多么重大的问题，都应当从最易处着眼，在千难万险中找到最容易切入的途径，通过化繁为简、化难为易、从小到大，最终达到预期目标。小目标的实现是实现大目标的前提，大目标是小目标的叠加。人有时会被一个大目标吓住，被一个复杂的问题困死。为了从思想上彻底解开这个结，让我们看看一位与众不同的马拉松世界冠军是如何通过化难为易的方式取得成功的。

在1984年日本东京国际马拉松邀请赛上，一位名不见经传的日本选手山田本一第一个冲过了终点线，获得了世界冠军。记者问他："您是靠怎样的锻炼才夺得今天的胜利的？"他出人意料地说："我凭借智慧获得了第一。"当时，大家都觉得这个偶然跑了第一的矮个子选手故作神秘。众所周知，马拉松比赛比的就是体力和耐力。一个马拉松运动员，只有他身体素质好，又有耐力，他才有可能获胜。爆发力和速度则在其次，如果说是用智慧取胜，那只是一种笑话。然而，两年后的意大利国际马拉松邀请赛，山田本一又夺得了世界冠军。记者又问他取胜的经验，山田本一依然是那句话：“我凭借智慧取胜。”山田本一在自传中告诉我们：“每次比赛前，我都会乘车对比赛的线路进行一次仔细的勘察，并把沿途比较醒目的标志画下来，例如，第一个标志是银行，第二个标志是一棵大树，第三个标志是一座红房子……照这样的方法一直画到赛程的终点为止。到比赛开始的枪声一响，我便以百米的速度奋力地向第一个目标冲去，等到达第一个目标后，我又以同样的速度向第二个目标冲去。四十多公里的赛程，就被我这样分解成几十个小目标轻松地跑完了。其实，刚开始练习时，我不懂得这样的道理，而是跟大家一样把目标定在了四十多公里外的终点线处的那面旗帜上，结果我领跑到十几公里时就已经疲惫不堪，原来我被前方那段望不到边的路程给吓倒了。”

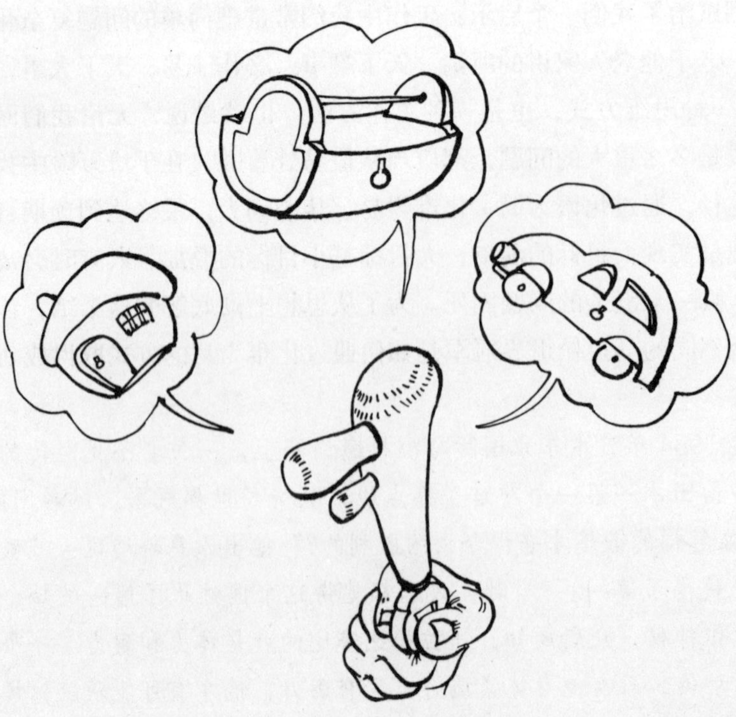

大道简行，就是一种大智慧。山田本一的身体素质、耐力、体力和其他条件并不是最好的，但是，他的化难为易的目标分解法，让他从心理上战胜了对手，赢得了胜利。

有感于此，我们应当坚信，企业管理的本质就是把复杂的问题简单化，把简单的问题程序化，把程序的问题标准化。吃饭时吃饭，睡觉时睡觉，干活时干活——这就是大道简行的大智慧 。

一灯能除千年暗，一慧能灭万年愚。

老子论道："有物混成，先天地生，寂兮廖兮，独立不改，周行而不殆，可以为天地母。""道"究竟是什么？是冥冥之中支配万物生息的规律！对企业而言，则是支配企业运行的管理机制。

——作者

机制创造和谐

科学研究表明，到目前为止，在地球上还没有发现比人脑更复杂的事物。人的大脑至少有千亿个神经细胞，人最简单的一举一动就有上亿个神经细胞做出反应。目前，虽然计算机的运算速度远远高于人脑，但是计算机只能按设定的程序工作，没有任何的创造和情感。而人脑是按自己的程序工作，并且人有七情六欲，情感常常影响程序。正因为如此，我们才深深感受到作为万物之灵的人太复杂了，了解人难、认识人难、管理人难、人与人相处难。而人又是一种群居动物，每个人都不可能离开群体。人在群体中怎么和谐相处，成为从古至今人类最关心的话题。

我们生活在一个崇尚"和谐"的土地上。孔子教导我们说："礼之用，和为贵。"荀子讲得更深刻："万物各得其和以生。"俗话说"和气生财"、"家和万事兴”。中共十六届四中全会提出，构建“和谐社会”。企业界的专家学者号召要铸造“和谐企业”。是啊，从某种程度上讲，和谐是一个企业的文化是否成功的显著标志，也是一个企业在未来能否持续经营、健康发展的关键因素。和谐是一种特殊的生产力，它能将企业的各种资源有效地整合起来，使之高效运转。人是生产力中最核心的要素，经营企业就是经营人，企业管理的最高目标就是创建和谐的环境，选好人、用好人、管好人，充分调动和发挥人的积极性、创造性，从而为社会、为企业创造最大的价值。

从另一个角度看，如果一个企业内部——企业与企业之间、部门与部门之间、上级与下级之间、员工与员工之间不能和谐共处，而是各自为政、占山为王，使得政令不能畅通、文化不能交融，甚至出现内部协调比外部协调还要困难的情况。那么，面对这样的局面，企业的资源还能够高效利用吗？员工还能够开心工作吗？企业应有的竞争力还能持久吗？答案是否定的。一个企业一旦失去和谐的氛围，歪风邪气、企业政治的荆棘毒草就会滋生蔓延，就会侵害企业健康的机体，就会把风险和灾难的魔鬼引入企业的大门。因此，一个企业光有远大的目标是不够的，还要有实现远大目标的战略、机制和文化。机制的功能是激励和约束，文化的功能是熏陶和教育。从大类上来划分，企业有四种人——人财、人才、人在、人灾。人财是通过自己的聪明才智不断为企业创造财富的人；人才是通过企业的培养和自身的努力能为企业作贡献的人；人在顾名思义就是人在心不在，出工不出力的人；人灾就是巧言令色、搬弄是非、制造混乱、居心叵测的人。企业很多不和谐的音符都是“人灾”制造的。企业作为一个经济组织，管理者的终极目标就是通过制度、机制和文化让“人财”有更广阔的舞台，让“人才”成长为“人财”，让“人在”转化为“人才”，让“人灾”远离企业或者弃恶从善。只有从根本上保证企业的和谐氛围，减少内耗，企业的目标才会落到实处。

正如前文所述，人是最复杂的高级动物。企业的每一位员工都是企业的特殊资产，应当特别注意的是这种特殊资产不仅有正值、负值之分，而且人这种资产和财务报表上的资产区别很大。人在不同的时期、不同的环境和岗位上，他的正负值会相互转化。好的环境、好的机制会让正值增值，让负值变正值。反之会让正值减值甚至变为负值，让负值成为巨额亏损。按照彼得原理，人在晋升过程中，到了德才皆不能胜任的岗位时，他就从正值走向了反面，甚至有可能从“人财”变成“人灾”。一个企业如果让“人财”变成“人灾”是一种不幸，那么让“人灾”有生存的空间和发展的土壤，那就是一种危机了。因为这种情况一定是企业的制度和机制出了问题。我们都知道“经营企业就是经营人”。但是，不同的企业经营人的方式是完全不同的。比如一个企业规模小的时候，不要什么制度、机制，一个眼神、半杯咖啡，属下就能心领神会，这种时候“人治的方法”特别好使。但是企业发展到一定规模，林子大了，鸟儿多了，光靠人管人的方式已经无济于事了。“人治”一旦成为负值，新的机制又跟不上，“人灾”就会兴风作浪，打破企业宁静和谐的局面，给企业发展造成负面影响。

实际上，人的可变性和可塑性都非常大，企业的组织制度、工作环境、领导风格、上下关系、文化理念都会对员工产生直接的影响。对一个企业来讲，完全可以做到需要什么样的人，就引进什么样的人、培养什么样的人、塑造什么样的人。一个优秀的企业不仅生产产品，还要生产人。

企业要生产什么样的人？这是一个关系企业发展战略和百年大计的重大问题。我们都知道，人是最复杂的高级动物，怎么生产呢？其实很简单：第一，企业有清晰的用人标准；第二，企业有完整的引进、培养、考核、淘汰的机制；第三，企业有健康的文化主体。只要有了这几样东西——当然前提是不要作为摆设，而是真正能贯彻、落实到具体工作中——就可以肯定地说，“人在”一定不会再东张西望了，而且一定会努力找活干；“人灾”也没有活动的空间了，当然，除非他打定主意想成为人渣——被企业扫地出门。

和谐是企业的愿望，也是员工的愿望；和谐是企业发展的必要条件，也是员工开心工作的精神基础。优秀的企业一定会让她的文化演奏出月光下的小夜曲，而不会让她的员工听见刺耳的噪声。

上善若水，水者何形？无形之水可应万状之皿，无争之水能为百谷之王，无为之水滋养世间万物。水几于道。管理之法如同水，顺势而为，应变而变，是为权变管理。

——作者

法无定法

中国走过了改革开放的三十年，印证了一句俗话："三十年河东，三十年河西。"这三十年中国发生了天翻地覆的变化——从僵化的计划经济迈向了充满活力的市场经济，从单一的国有经济体制发展为丰富多彩的多元经济体系，从封闭的内陆经济跨入开放的世界经济。在这一史无前例的大变革中，中国从一个随风漂荡的湖中小船，演变为一艘市场经济海洋中的巨轮战舰。三十年来，中国企业的经营管理从理念、方式到手段、方法都在不断地演进，艰难地适应着快速变化的经济环境。在激烈的市场竞争中，很多企业脱颖而出、高速成长、发展壮大，但是也有很多企业风光一时、昙花一现。于是，理论家们为了找到使得基业长青的灵丹妙药，煞费苦心，不断向社会推出了一批又一批的研究成果：《战略决定成败》、《思路决定成败》、《定位决定成败》、

《意志决定成败》、《习惯决定成败》、《态度决定成败》、《细节决定成败》等，让人耳目一新、眼花缭乱。但是作为企业的经营管理者，如果认真读了并相信这些成果，那可能会出现缩手缩脚的后遗症。为什么会这样？因为管理专家们的这些成果有一个共同特点——聚焦于某一管理要素，采取局部放大的方法，为了让成果能产生振聋发聩的轰动效应，硬是把一个要素提升到了“决定成败”的层次。于是在中国出版史上出现了让人瞠目结舌的奇事——《××决定成败》的专著，像火车一样排着长队冲向市场。

到底什么决定成败？普通的读者懵了，企业的经营管理者傻了。

三十年的改革开放，中国的宏观经济环境发生了历史性的巨变，作为市场经济微观基础的企业，应当走什么样的发展之路，企业应当怎么样来管理？不论企业家还是经营管理者都有非常多的问题和困惑。我们的管理专家们应当高屋建瓴、统揽全局，拿出能够引导和帮助企业管理者走出困境的研究成果。如果盲人摸象似的把局部当整体，并硬打上“决定成败”的标签，只会让那些本身就比较迷茫的管理者更加找不到北。

中国的企业到底应当走什么样的发展之路呢？企业经营管理应当选择什么样的模式和方法？这绝不是“牧童遥指杏花村”这么简单。胡言乱语不仅害人，也会害己。在佛教的禅宗史上有一个案例，也许对我们讨论的这一话题有所启示：

相传唐朝的百丈和尚每次说法的时候，有一位老人常跟随大众听法，众人离开，老人亦离开。忽然有一天老人没有离开，立于百丈禅师身旁。禅师问道：“面前站立的是什么人？”

老人云：“我不是人啊。在过去迦叶佛时代，我曾住持此山，因有位云游僧人问：‘道行很高的人还会不会落入因果法则呢？’我回答说：‘不落因果。’就因为回答错了，我被罚变成狐狸身而轮回五百世。现在请和尚开导，使我能脱离野狐身。”

百丈禅师问：“我怎么才能帮你啊？”

老人问：“我当时应当怎么回答呢？”

百丈禅师：“不昧因果就是不拘泥于因果法则。”

老人于是大悟，作礼说："谢谢大师开示，我已脱离野狐身了。我住在山后，请按和尚礼仪葬我吧。"

百丈向众僧宣布饭后为一老人举行葬礼，大家听后非常吃惊，寺里又没有人死去，举行什么葬礼。饭后百丈率领众僧真的在后山洞穴中，找到野狐的尸体，便依礼火葬。

无门禅师评述道："不落因果，为甚堕野狐？不昧因果，为甚脱野狐？"所言一切法者，即非一切法，是故名一切法。也就是说世间万法都不应当绝对化，拘泥于某一点、僵守于某一域都会导致严重的后果。企业的经营和管理当依时而变，根据实际情况来确定。适合企业的模式和方法就是好的，不适合的镀上金也没有用。决定企业成败的因素很多，不同阶段、不同企业都各不相同。不同发展阶段有不同的路径，因此必须因时制宜、因地制宜。法无定法，法变永恒。

因此，"决定成败"这种定性的结论当慎之又慎，否则，小心被罚变成狐狸身。

古往今来成大事者，无一不是战略大师。战略乃通盘谋划之意，必须立足高远、切实可行。战略是楼盘的图纸、行军的地图，之于企业则是持续经营的生命线。

——作者

无远虑 必近忧

企业战略就是企业长期生存和发展的谋略，是基于企业整体性、长期性、基本性问题的安排。从字面上来看，战略这个概念最初只应用于军事领域。战略是一个复合词：“战＋略”，是战争之谋略的意思。一个企业要在竞争的市场中持续经营，必须有长期性和全局性的谋略。企业战略的本质特征就是发展性，不仅吃着碗里，看着锅里，还要盯住田里。古人说：“不谋万世者，不足谋一时；不谋全局者，不足谋一域。”企业战略关系到整个企业的方向路线和大政方针，战略的制定过程就是企业对外部环境的机会与威胁的系统研究和分析过程，就是对企业优势与弱势的全面认知和确认过程。为保证企业能选对正确的发展方向、走上持续健康的发展之路，在制定战略规划时应当把握四个关键点：

(1) 整体性：整体性是相对于局部性而言的，就是企业的战略谋划要立足全局。所谓全局，不是区域性的概念，也不是国土疆界的概念。在经济全球化的背景下，没有全球的视野，就不是真正的战略。因为，基于全球的众多商业因素，已成为影响和决定企业生死存亡的重要条件。公司的产品、服务、质量、价格、管理、人才、模式等都必须在全世界范围来评估其优势，而不能以本地区和本国的优势为基准点和目标值。只有立足于全球化的产业布局，找到自己的位置，才有生存和发展的空间。

(2) 长期性：长期性是相对于短期性而言的。人无远虑，必有近忧。企业在眼前过得很开心的时候，一定要有风险意识和忧患意识。在知识经济的大背景下，市场可以说是瞬息万变、危机四伏，如果企业稍微放松警惕，一个巨浪过来就会“船毁人亡”。因此，企业对未来进行谋划是头等大事。企业对未来的问题不但要提前想到，而且要提前动手去解决，俗话说：“桃三李四杏八年，核桃挂果要十年。”为了吃桃子，三年前就要种桃树；为了吃李子，四年前就要种李树。

(3) 先进性：企业参与市场竞争的技术、产品或服务一定要有先进性。这个先进性不能是自己和自己比，要站在行业的高度、用全球的标准来审视。同时，还必须和对手去比。如果某些方面有一定优势，那就要从战略的高度强化优势，拉大与竞争者的差距。只有具备了充分而明显的先进性，才能成为市场的主导者，也才有机会做大做强。如果没有优势，那就必须采取强有力的措施，提升自己的优势；如果经过努力，根本没有可能超越竞争者，那就应当从战略上做出调整或放弃的决策。总之，没有在本行业中的重要地位和先进性就没有真正的竞争力，局部的成功也是暂时的，必将走向衰败。没有全球意义的先进性和竞争优势，就不要做国际化的美梦。即使走出去了，也活不下来。

(4) 执行性：企业战略是站在宏观经济与行业发展的基本点上，结合企业的竞争能力和资源状况，制定出既有前瞻性，又有可操作性的发展规划。如果企业的战略规划不能和竞争对手形成明显的差异，谁也不要梦想通过完美的战略打败对手。企业与企业的竞争，最终的胜负主要体现在战略规划的执行上。因此，执行性是企业战略能否落地生根的关键。执行性是一个系统化的问题，不仅涉及企业的内部因素，更涉及宏观的经济形势、市场环境和国家的方针政策。只要有一个环节出现问题，企业的战舰就将搁浅滩头。

为了加强对上述战略问题的进一步理解和认识，下面我们来看一个经典案例：

2000年前后，一种固定电话延伸的无线通讯技术——小灵通，以惊人的速度飞入寻常百姓家，借助小灵通的成功，UT斯达康于2000年3月，在纳斯达克成功上市，2004年3月，入选了《财富》100强企业。此间，UT斯达康绘出了一道完美的成长曲线，连续17个季度打破华尔街赢利增长预期，2002年市值高达260亿美元，超过了思科。CEO吴鹰更是风光无限，被评为中国十大新锐人物、十大最聚人气的企业家，吴鹰就是UT斯达康的“神”。但是，用战略的眼光去审视吴鹰和UT斯达康，我们就会发现，它的成功具有一定的偶然性，是一个意外。因为小灵通本质上是一种落后的通信技术，对于其在中国的商业前景，像华为这种以“崇尚技术先进性”著称的通信大鳄，始终对其嗤之以鼻。但1999年，在中国移动从中国电信拆分出去之后，中国电信在“新建固定电话平均成本高、收益低”的情况下，急切需要一种新的产品，以便与享有移动运营牌照的中国移动和中国联通竞争。在电信业格局变化中，吴鹰和UT斯达康准确地捕捉到了中国电信的需求，吴鹰把一项由日本人发明的PHS（流动市话）无线技术引入到了中国。这种技术可利用已有的固定电话网，中国电信无须投入新的建网成本，就可以同时提供固定电话与移动通信两种服务。PHS最大的弱点是信号差，在日本是一个被淘汰的边缘性技术。可在中国，它却成了中国电信曲线进入移动电信市场的“小李飞刀”。UT斯达康作为小灵通最大的供应商，2003年曾一度在终端销售市场上占据了70%以上的份额。小灵通的成功，为UT斯达康带来了利润和荣誉。同时，也带来了风险和失败。为什么这么说呢？UT斯达康是在两大垄断企业大战中偶然得到的一个商业机会，这个机会可以获得一时的利益，但很难持续。我们可以从战略的角度去分析：

（1）技术问题：小灵通的技术本身没有先进性。UT斯达康虽然拥有知识产权，但是，它并没有基于全球化的研发优势，技术的先进性上它远远落后于摩托罗拉、诺基亚等国际巨头，甚至与华为、中兴等国内厂商相比也有较大差距。这一软肋注定了UT斯达康难以持续辉煌的宿命。

(2) 业务布局问题：UT斯达康虽然在小灵通上捕捉到了市场机会，获取了阶段性的成功，但这种“市场单一、产品单一和客户单一”的经营格局，本身存在着巨大的风险。尤其是作为一家纳斯达克的上市公司，70%的收入来源于中国，并且仅凭傍着中国电信这个大款，以一种垄断方式获取收益，这就犹如站在冰山上。作为一家全球化的公司没有全球化的战略布局和网络体系，其基础本身就很薄弱。

(3) 战略执行问题：UT斯达康为了摆脱业务单一的格局，试图要进入无线、宽带和IP等通讯领域。这一策略直接导致了人员规模的扩大。2004年，UT斯达康全球员工增加至8 200人，是2000年的5倍多。后小灵通时代，UT斯达康在其战略定位和战略选择上，缺乏对外部环境的充分认知，同时，对自身资源和能力过于乐观，并没认识到已有的条件不足以支持它获得持续的竞争优势。从2005年开始，随着小灵通在国内市场的迅速萎缩，UT斯达康投入巨资试图向3G和IPTV转型。后来的事实证明，UT斯达康的经验主义并不成功。在3G上，UT斯达康既不具有先发优势，也没有多少厚积之基。而在IPTV领域，问题同样存在。到目前为止，IPTV相关的商业模式还处于培育阶段，技术标准尚不成熟。更为重要的是，IPTV的推广还存在着许多政策上的制约，特别是与广电的合作涉及相当复杂而敏感的政策问题。UT斯达康把未来的宝押在IPTV、3G和手机上，无疑是对自身能力和外部环境缺乏清醒认识的错误决定。因此，UT斯达康制定的只是一个根本无法执行的“理想蓝图”。

事实上，投资者和业界对UT斯达康的推崇始终有所保留。2004年第2季度UT斯达康利润为4 320万美元，每股赢利32美分，比市场预期的33美分仅仅低了1美分。然而，业绩公布当日，这1美分的差距，让UT斯达康的股价重挫29.31%。由此可见，一个没有真正战略优势的公司在投资者心目中的地位是何等的脆弱。2005 年初，UT 斯达康的业绩开始下滑，首次发起了全球裁员。2007 年 6 月 1 日，UT 斯达康董事会完成了对公司战略计划的评估，并同时宣布：由于执行副总裁兼中国区 CEO 吴鹰“在增强股东价值的战略上”与董事会存在明显分歧，他将从公司离职。

吴鹰的被迫退出 UT 斯达康，终结了一个小灵通的神话。同时它也带给人们一个不得不思考的问题：人无远虑，必有近忧。

附　录

念好上市的真经

企业发展路千条

2006年，随着股权分置改革的凯歌高奏，IPO重新启动。6月2日，新老划断后的第一家公司——广东德美化工经过发审会通过，这标志着一个新时代的到来——上市公司的股票可在二级市场上全流通。也就是说，成功上市的企业，在全流通的证券交易市场上，企业的市值、股东的财富，可能会在一夜之间上升十倍，甚至几十倍。上市的巨大财富效应，一时间让人热血沸腾、心花怒放。于是，当夏天悄悄到来的时候，在中国大地上，企业上市的热潮和夏季一起不断升温。新闻媒介的推波助澜，各级政府的大力倡导，中介机构的大声吆喝，企业发展的强烈渴求，使上市成为最热门的话题、最重要的工作和最鼓舞人心的事件。另一方面，人们也清楚地看到身边的一些企业，上市以后如虎添翼，企业的管理、生产、经营、发展都发生了令人意想不到的巨大变化。正因为如此，在一些地方，上市成为一种“运动”。有的老板和经营者对上市更是“一见钟情”，有的甚至还患了严重的“单相思”，根本不管自己企业的规模大小，也不管赢利亏损，更不管自身是否符合条件，“爱上上市没商量”，争先恐后地引入中介，煞有介事地开始公司股权变更、企业改制。用一句曾经很流行的话来说：有条件要上，没有条件，创造条件也要上。

我们还看到有很多民营企业，已经整体变更为股份公司，并进入了上市辅导备案，但是，老板和经营者对什么是股份公司、什么是公众公司、什么是公司治理、什么是三会制度、什么是信息披露，以及为什么要上市，上市募集到的资金做什么，这些最基本的问题都没有清晰的概念。还有一些企业，经营管理基础比较差，赢利能力也比较弱，现金流紧张得吃了上顿没下顿，但对上市依然怀着一颗火热的心。有的企业甚至把上市当成挽救自己经营不善、管理不佳的灵丹妙药和救命稻草。

实际上企业应当采取什么样的经营形式，是否应当成为公开上市的公众公司，应当是具体问题具体分析。一方面我们应当看到，企业上市是提升品牌、加快发展、打通资本市场的最佳途径。但是，另一方面我们还应当看到，企业发展之路有千万条，只有适合自身的才是最好的一条。不同的公司形式适合不同企业和企业不同的发展阶段。有限责任公司、股份有限公司、上市公司是商品经济发展到不同阶段的产物，各自具有不同的特点和要求。作为企业的经营管理者应当对此有清醒的认识和清楚的了解，以便自己的企业采用最适合的公司形式，并利用最佳的方式谋求企业更快、更好、更健康的发展。

公司的起源

公司是企业经营的载体，那么，公司是怎样产生的呢？它对实际的经营有什么要求和影响呢？公司这种特定的经营形式是社会发展，特别是商品经济发展的产物。有的教科书上说，公司起源于中世纪的欧洲。实际上，公司的起源可以追溯到更久远的年代。大量史实表明，公司萌芽于古罗马。在古罗马的奴隶制时代，商品经济就有了相当规模的发展，生产和市场逐渐扩大，以家庭为经济单位的经营方式和商业模式已经不能适应和满足经济发展的需要，于是人们开始把自己的生产工具、劳动对象和生产资源集中起来进行合伙经营，生产成果按投入多少进行分配。这就是原始的公司形态。但是，就是这样一种不完善的公司，在很大程度上加快了古罗马的经济发展，增强了国家的军事实力。古罗马因商品经济的发展而磨快了利剑，又因战争而促进了商业的发展。争战中罗马的疆域不断扩大，但是战争以及维护辽阔疆域需要巨大的资金，于是，政府与商人联合起来为政府解决财政问题。政府允许商人们组成一定的组织，承包某些过去由政府控制的贸易、工程，甚至税收。在罗马帝国时期，已经出现了类似股份公司的商业组织。到了12世纪，欧洲的封建庄园经济占据了统治地位，但是“公司”的形式仍在发展和成长。特别是在战争中为筹措借款，公司发挥了巨大的作用。据历史记载，热那亚人为远征塞浦路斯岛，曾组建了类似股份信托一类的公司来筹借资金。15世纪末，随着新航线的开通和美洲大陆的发现，英国、荷兰、意大利、西班牙等国家为了从海上掠夺资源，纷纷组成一个又一个的公司。资本的原始积累充满了血腥，海外殖民掠夺受到殖民地人民的强烈反抗，常常是贸易与战争结伴同行。海外贸易充满暴利，也充满风险。并且，这些也不是少数人所能独立经营的“大生意”。于是，一种新的企业组织形式出现了——股份合作公司。英国1555年成立的莫斯科公司是第一个具有垄断特权的从事国外贸易的公司。它创立时只有240股，每股25英镑，总计6 000英镑，共计6个股东。公司营业只限一次航行，航程完毕，按股分红。接着，再募资经营。到1604年，股东已发展到160人，董事15人。英国在1581年成立的土耳其公司，股东已多达242人，公司以股票方式招股集资，股本长期使用，每年按股分红。它已完全具备了股份公司的基本特征。公司作为一种商业运作的组织形式，随着商业社会的发展而出现并逐步走向成熟。但是，反观历史，我们会有惊人的发现——合适的商业组织形式会在很大程度上促进企业和社会的发展与进步。近代西方的经济高速发展，中国经济走向衰弱，与商业形式也有很大关系。马克思曾经有一段精彩的论述：“假如必须等待积累去使某些单个资本增长到能够修建铁路的程度，那么恐怕直到今天世界上也还没有铁路。但是，集中通过股份公司转眼之间就能把这件事完成了。”西方列强充分利用公司这种形式，不仅帮助他们完成了原始资本的积累，而且帮助他们建立了完善的经济体系。两相比较，今天的中国企业和企业家都还需要大量补充这方面的专业知识。好在“公司”在2000多年的发展历程中，已经日趋成熟和完善，不论形式还是内容，都能满足不同企业的运作需求。我们只要认真学习就能找到适合自身企业的最佳形式。

公司的类型

目前在国内最主要的公司类型有以下三种：

⑴ 有限责任公司：是指由符合法律规定的股东出资组建，股东以其出资额为限对公司承担责任，公司以其全部资产对公司的债务承担责任的企业法人。有限责任公司的成立条件比较宽松；有限责任公司只能由发起人集资，不能向社会公开募集资金；有限责任公司的股东人数，有最高和最低的要求；有限责任公司中，股东转让自己的出资有严格的要求，受到的限制较多；在有限责任公司中，由于股东人数有上限，人数相对来说比较少，召开股东大会等也比较方便，因此股东大会的权限较大，董事经常是由股东自己兼任，在所有权和经营权的分离上，程度较低。由于有限责任公司的人数有限，财务会计报表可以不经过注册会计师的审计，也可以不公告，只要按照规定期限送交各股东就行了。

⑵ 股份有限公司：从本质上讲，股份公司是一种特殊的有限责任公司，它的全部注册资本由等额股份构成并可通过发行股票(或股权证)筹集资本。其

主要特征是：公司的资本总额平分为金额相等的若干股份；股东以其所认购的股份数额对公司承担有限责任，公司以其全部资产对公司债务承担责任；每一股有一表决权，股东以其持有的股份，享受权利，承担义务。股份有限公司的成立条件比较严格；股份有限公司可以向社会公开募集资金；股份有限公司的股东人数，只有最低要求，没有最高要求。在股份有限公司中，股东转让自己的股份比较自由，不像有限责任公司那样困难。在股份有限公司中，股东的股权证明是股票，即股东所持有的股份是以股票的形式来体现的，股票是公司签发的证明股东所持股份的凭证，可以转让、流通。在股份有限公司中，由于股东人数没有上限，人数较多且分散，召开股东大会比较困难，股东大会的议事程序也比较复杂，所以股东大会的权限有所限制，董事会的权限较大。在所有权和经营权的分离上，程度也比较高。在股份有限公司中，由于股东人数众多，很难分类，所以会计报表必须经过注册会计师的审计并出具报告，还要存档以便股东查阅。其中以募集设立方式成立的股份有限公司，还必须公告其财务报表。

设立股份有限责任公司，应具备下列条件：①发起人符合法定资格和法定人数。设立股份有限公司，应有 5 个以上的发起人，且其中须有过半数的发起人在中国境内有住所。如果国有企业改建为股份有限公司，发起人可以少于 5 人，但应当采取募集设立方式。发起人必须按照《公司法》规定认购其应认购的股份。②发起人认缴和向社会公开募集的股本达到法定最低资本限额。股份有限公司注册资本最低限额为人民币 1 000 万元。③股份发行、筹办事项符合法律规定。④发起人制订公司章程，并经创立大会通过。⑤有公司名称，建立符合股份有限公司要求的组织机构。⑥有固定的生产经营场所和必须的生产经营条件。⑦必须经过国务院授权的部门或者省级人民政府批准。

(3) 上市公司：在股份有限公司基础上，经有关部门批准、公开发行股票并挂牌上市的公司。股份公司上市应符合以下条件：①股票经国务院证券管理部门批准已向社会公开发行；②公司股本总额不少于人民币 5 000 万元；③开业时间在 3 年以上且最近 3 年连续赢利；原国有企业依法改建而设立的，或者《公司法》实施后新组建成立，且其主要发起人为国有大中型企业的，可连续计算；④持有股票面值达到人民币 1 000 元以上的股东人数不少于 1 000 人，向社会公开发行的股份达到公司股份总数的25%以上；公司股本总额超过人民币4亿元的，其向社会公开发行股份的比例为15%以上；⑤公司在最近3年内无重大违法行为，财务会计报告无虚假记载；⑥国务院规定的其他条件。

企业为什么要上市

我们都知道做企业有两个最主要的目的：一是要赚钱，二是要发展。那么企业是靠什么赚钱和发展呢？表面看是靠产品、技术、服务，但是，往后看，则发现是靠资本。那么，资本从哪里来呢？当然是股东掏钱了。不过，前面我们已经明白，有限责任公司的股东，最多不能超过50人。如果我们有一个非常好的企业，发展前景广阔，潜力巨大，赢利能力也非常强。但是，靠自身去流动发展，那速度是非常慢的。但是，如果能公开发行股票，就是通过企业股本的扩大方式，引入社会股东。企业本来需要几十年才能积累起来的发展资金，一夜之间就可以筹集到。同时，我们还应当看到，公司发行上市能为企业带来综合的积极效应，概括起来主要包括以下几点：

(1) 募集资金，拉开与竞争对手的差距。以多少倍市盈率发行等于把多少年自我积累的资金一下子投入了发展。企业持续发展的资金主要来源于两个方面，银行贷款和利润投入。前者难度大，后者空间有限。上市是企业快速成长的最佳途径。综观世界500强企业以及中国前100强企业，没有几家是通过资本的原始积累发展成长起来的，基本上都是通过走资本运营之路壮大的。

(2) 健全法人治理结构，建立现代企业制度。结构决定性质。通过股权改革，使一部分管理人员持股，成为利益共同体，再加上社会股东的参与和监督，企业的治理结构、运作规范、管理体制都会发生历史性的变化。

(3) 塑造企业形象，提升企业的知名度，形成较强的市场感召力。上市公司本身就是品牌，不管是企业形象还是产品，上市公司在公众心目中的地位是完全不一样的。尤其是有出口产品的外向型企业，如果在海外上市的话，其开拓国际市场的速度以及在国际市场的诚信度肯定会得到大大提升。

(4) 实现产品经营与资本运营的良好互动。上市后，一个企业的资本可以放大十倍以上，相当于一年赚了十多年的钱，可以进行大规模的并购扩张。李嘉诚一生就做了三件事：一是产业转型，从塑胶花转向房地产；二是上市；三是资本运作。

(5) 完善激励和约束机制，吸引更多的优秀人才。一是因为上市后工资高了；二是可以进行股份定向发行。再大方的老板也不会给管理人员一次几百万，但市场可以做到，公司的业绩可以使企业在一夜之间产生几十个甚至上百个百万富翁。

企业怎样上市

(1) 上市工作是一个系统工程。上市的过程就是把一个普通的企业变成一个公众公司的过程。而一个普通的企业要成为上市公司最关键的就是转化——把企业的经营性资产市场化、资本化、证券化。而资产市场化、资本化、证券化的前提有三个要点：企业资产的合法性、经营业绩的真实性、持续发展的可能性。工商、税务、环保、社保、土地各级主管部门要出具证明，同时，要进行律师鉴证、会计师审计、券商总体判断等前期准备工作。在这个过程中，只要有一个环节出问题，上市工作就会前功尽弃。

(2) 上市要有一个清晰的目标。企业为什么要上市？董事长、总经理和经营班子一定要有清晰的认识。有的企业把上市的融资功能当成了根本目标。想到能从股市上拿回大把的钱，于是热情非常高。其实这样的想法可以理解，但不能认同。考虑上市一定要立足三个点：内、外、前。往内看——健康的企业；往外看——好的行业；往前看——良好的愿景，也就是说上市是一个优秀企业谋求更好发展的快车道，而绝不是化腐蚀为神奇的灵丹妙药。有人说，资本市场是企业成功和失败的加速器。企业面临四道题：加减乘除——产品经营就是做加减法；资本经营就是做乘除法。

我们认为，上市的根本目的只有一个——为了更好地发展。否则，就不要选择上市。有小富即安心态的人，千万别考虑上市；始终把企业当成“我们家的”，千万别考虑上市；认为自己是老子天下第一，并惟我独尊的人千万别考虑上市。

(3) 上市要有一个明确的计划。上市的根本目的是加快企业发展，因此，企业应当根据市场的需求制定好自己的发展计划。比如，该怎么样扩大生产规模，上什么样的项目要按照实际的需要来做。不能为了上市搞大跃进，也不能为了要上市而盲目进行投资。准备上市的企业一定要有切实可行的发展计划和经营计划——怎样降低采购成本、怎样提高产品质量、怎样控制管理费用、怎样提高服务水平、怎样扩大市场份额、怎样增加现金流量、怎样提高工作效率、怎样创造更多的利润等，这些都必须有明确的计划。

(4) 上市要有一个统筹全局的人。上市是一个系统工程，千头万绪。而上市的主体是企业，因此，怎么样处理好企业日常经营管理与上市的关系？怎么样处理好企业与中介服务机构的关系？怎么样处理好企业与政府相关部门的关系？一定要有一个懂得上市政策法规，了解上市流程，又有良好沟通、协调能力的人。他能抓好每一阶段的重点工作，与中介机构和政府相关部门密切配合。这样就会事半功倍，少走弯路。

(5) 上市要有一个专业的、职业化的、负责任的中介团队。企业在上市的整个过程中，券商、会计师和律师扮演着不同的角色，担负不同的责任。他们是证券市场的专业机构、专业人士，一方面要为主管部门和证券投资者把关，把符合条件的公司推荐到证券市场上去。另一方面，他们也是企业的老师，帮助企业去规范管理，尽快满足上市的基本条件。

我们认为，专业水平、职业化程度和责任心是选择中介机构的三个关键点。大家都知道，上市是企业发展的高速公路，如果你的公司想成为像奔驰、宝马一样飞速前进、高速发展的企业，那你就要把目标锁定在上市上，并做好具体的计划，一步一个脚印往前走。但是，如果你的企业仅停留在马车、牛车阶段，那就不要好高骛远，还是脚踏实地，田间地头同样有无限的风光。

上市的经应当怎样念？我们认为，有的企业选择上市是最好的选择，有的企业放弃上市是最好的选择。当然，鞋在脚上，大小自知。

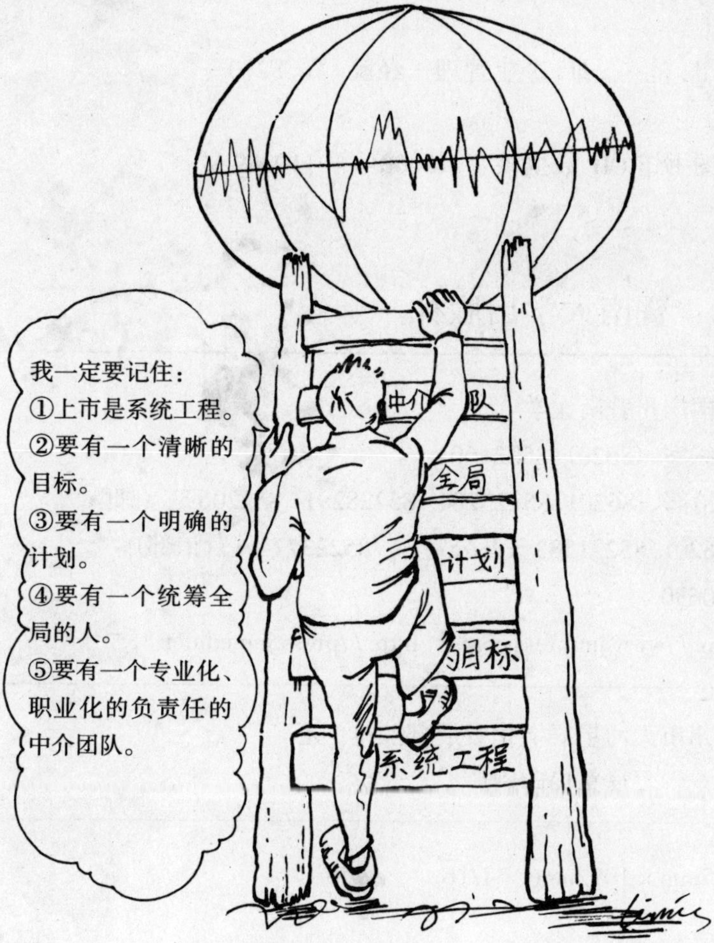

图书在版编目（CIP）数据

禅悟管理 / 范小平著. —广州：暨南大学出版社，2008. 11
ISBN 978-7-81135-074-6

Ⅰ.禅… Ⅱ.范… Ⅲ.企业管理—经验 Ⅳ.F270

中国版本图书馆 CIP 数据核字（2008）第 110189 号

出版发行：暨南大学出版社

地　址：中国广州暨南大学
电　话：总编室（8620）85221601
　　　　营销部（8620）85225284　85228291　85220693（邮购）
传　真：（8620）85221583（办公室）　85223774（营销部）
邮　编：510630
网　址：http://www.jnupress.com　http://press.jnu.edu.cn

排　版：广州市天河星辰文化发展部照排中心
印　刷：广东省农垦总局印刷厂

开　本：787mm × 1092mm　1/16
印　张：12
字　数：188 千
版　次：2008 年 11 月第 1 版
印　次：2008 年 11 月第 1 次
印　数：1–3000 册

定　价：25.00 元

（暨大版图书如有印装质量问题，请与出版社总编室联系调换）